MANUEL PRATIQUE

DES

ÉCOLES LIBRES

Par M. l'Abbé GAUDE

CHANOINE HONORAIRE DE LA CATHÉDRALE DE ***

INSPECTEUR DIOCÉSAIN DES ÉCOLES CHRÉTIENNES

Organisation, Législation, Jurisprudence

OUVRAGE REVISÉ PAR LE COMITÉ DU CONTENTIEUX

DE LA

SOCIÉTÉ GÉNÉRALE D'ÉDUCATION

Huitième édition

Prix : Cinquante centimes

PARIS

AU SIÈGE DE LA SOCIÉTÉ GÉNÉRALE D'ÉDUCATION

36, RUE DE VAUGIRARD, 36

1910

SOCIÉTÉ GÉNÉRALE

d'Éducation et d'Enseignement

Cette Société a été fondée à Paris, 35, rue de Grenelle, en 1867, et autorisée par décret du 13 mars 1868.

Ses fondateurs ont été les premiers à signaler les dangers qui, dès cette époque, commençaient à menacer l'enseignement chrétien à tous les degrés.

Ce fut elle qui organisa les grandes luttes contre l'art. 7 et contre l'instruction obligatoire et laïque; quand furent votées les lois néfastes de 1882 et 1886, ce furent ses juris-consultes qui en approfondirent les dispositions et obligèrent au Conseil supérieur l'application d'une jurisprudence qui ne permet pas d'être à la merci de nos adversaires.

Son *Comité du Contentieux* reste toujours ouvert aux consultations des persécutés, et il a donné plus de 16 000 solutions sur les difficultés les plus diverses.

Elle a organisé une souscription permanente qui lui a permis d'aider et de soutenir la fondation de 3 000 écoles libres.

Le *Bulletin de la Société générale d'Éducation* est une mine précieuse de renseignements les plus variés sur toutes les questions concernant l'Enseignement chrétien. Cette revue mensuelle coûte 10 fr. par an.

Pour toutes communications, s'adresser au Secrétaire de la Société, 35, rue de Grenelle, à Paris.

MANUEL PRATIQUE

DES

ÉCOLES LIBRES

Par M. l'Abbé LAUDE

CHANOINE HONORAIRE DE LA CATHÉDRALE DU MANS
INSPECTEUR DIOCÉSAIN DES ÉCOLES CHRÉTIENNES

Organisation, Législation, Jurisprudence

OUVRAGE REVISÉ PAR LE COMITÉ DU CONTENTIEUX

DE LA

SOCIÉTÉ GÉNÉRALE D'ÉDUCATION

Huitième Édition

Prix : Cinquante centimes

PARIS

AU SIÈGE DE LA SOCIÉTÉ GÉNÉRALE D'ÉDUCATION

35, RUE DE GRENELLE, 35

1910

ABRÉVIATIONS

L.   Loi.
D.   Décret.
A.   Arrêté.
L. O.   Loi organique (du 30 octobre 1886).
D. O.   Décret organique (du 18 janvier 1887).
A. O.   Arrêté organique (du 18 janvier 1887).
Circ.   Circulaire ministérielle.
C. S.   Conseil supérieur (arrêt du).
C. d'Et.   Conseil d'Etat (arrêt du)
Cass.   Cour de Cassation (arrêt de la).
C. T.   (avec nom de ville) Cour ou Tribunal de...
V. p.   Voyez page.....
B. E.   Brevet élémentaire.
B. S.   Brevet supérieur.
C. A. P.   Certificat d'Aptitude pédagogique.
C. E.   Certificat d'Etudes.

Les dates, v. g. 1890, 1909, sont indiquées par les deux dernier chiffres : 90, 09.

AVERTISSEMENT

La rapidité avec laquelle se sont écoulées nos sept premières éditions, a montré que ce petit Manuel répond à un besoin actuel de l'Enseignement chrétien.

Nous n'avons pas la prétention de renseigner les Instituteurs et Institutrices libres sur tout ce qui regarde leur profession.

Il a été publié d'excellents traités de pédagogie qui leur rappellent la manière de donner l'Instruction et l'Education. C'est là ce qui doit de beaucoup les préoccuper le plus, et par conséquent ce sont les bonnes pédagogies qu'ils doivent étudier avant tout. C'est là, en effet, qu'ils trouveront les moyens de réaliser le but de l'école chrétienne, dont la conduite est vraiment *l'art des arts.*

Mais l'Ecole libre a été entourée d'un tel réseau de lois, décrets et circulaires, que souvent la préoccupation de se tenir dans la légalité trouble le Maître; il ne peut guère que soupçonner les embûches, et la crainte de se trouver en défaut lui enlève la paix et la liberté d'initiative nécessaires pour bien diriger sa classe et pour excercer sur l'enfance toute l'action désirable.

C'est pour guider nos excellents Maîtres à travers le dédale des lois scolaires que nous avons condensé ici, débarrassées de tout apparat juridique, les solutions les plus sûres que l'on trouve éparses et traitées avec ampleur dans les ouvrages de jurisprudence.

Ceux qui voudront connaître les *motifs* de ces décisions les trouveront exposés dans plusieurs écrits plus étendus, notamment dans les suivants : *Commentaire sur la loi du 30 octobre 1886*, — *Des Causes de Oppositions à l'ouverture des écoles*, — *Sociétés et Associations*, — *Les Lois sur les Associations*, — *De l'Action disciplinaire*, — ouvrages publiés par la *Société d'Education*; dans le *Bulletin* de ladite Société (passim); dans le *Manuel des lois de l'Enseignement primaire* de M. Le Provost de Launay; dans la *Législation de l'Enseignement libre* par Auguste Rivet; et enfin dans le *Guide de l'Ecole libre* de M. le Chanoine Pouget.

Jusqu'à ce jour aucune de nos décisions n'a été contredite par la Cour de Cassation. Seul le Conseil Supérieur a émis deux ou trois prétentions qui nous semblent mal fondées, mais dont nous avons dû tenir compte pour ne pas exposer nos lecteurs à des difficultés.

L'expérience nous a aussi révélé quelques points à éclaicir plus nettement, et de nombreuses consultations, en nous signalant plusieurs difficultés auxquelles nous n'avions pas pensé, nous ont permis de rendre notre *Manuel* de plus en plus complet.

Le Mans, 15, rue de Paris, 1ᵉʳ Mars 1910.

A. LAUDE.

Inspecteur diocésain des Ecoles chrétiennes.

P. S. — Cinq projets, qui modifieraient profondément la législation scolaire, sont soumis au Parlement. S'ils sont votés avant l'épuisement de cette 8ᵉ édition, un supplément sera ajouté au présent opuscule ou envoyé séparément contre un timbre de 0 fr. 10.

MANUEL PRATIQUE

DES

ECOLES LIBRES

CHAPITRE PREMIER

L'Enseignement libre devant la Loi

La loi dispose que l'enseignement primaire est donné 1° dans l'école publique; 2° dans l'école libre; 3° dans la famille.

On satisfait *également bien* à la loi, on l'accomplit *aussi parfaitement*, quel que soit celui de ces trois modes d'enseignement que l'on adopte.

L'école libre ou privée (1), chrétienne ou non, n'est donc pas une révolte contre la loi. Elle est tout aussi *légale* que l'école publique. La loi organique de 1886, loin de méconnaître l'école privée, l'organise et la protège parallèlement avec l'école publique.

Mais l'organisation que cette loi fondamentale donne à l'école publique et celle qu'elle attribue à l'école libre diffèrent profondément. Le titre Ier détermine les points communs aux deux enseignements; le titre II concerne

---

(1) La loi appelle *privée* l'école libre, non pour lui dénier la liberté qu'elle lui reconnaît, mais pour indiquer que son existence est attachée à une personne privée qui la dirige en son nom personnel (bien qu'elle puisse être fondée et entretenue par d'autres particuliers ou par des Associations), si bien que quand un titulaire disparaît ou cesse ses fonctions, son école disparaît avec lui; et si une autre personne enseigne ensuite dans le même local, elle ne lui *succède* pas, elle ouvre une nouvelle école. — L'expression école *libre* se rencontre d'ailleurs aussi dans les documents officiels, et c'est le terme qu'il convient d'employer.

exclusivement l'enseignement public, comme le titre III ne règle que l'enseignement libre.

Voilà un principe qu'il ne faut jamais perdre de vue. Les inspecteurs et les autres fonctionnaires ont une tendance marquée à confondre les écoles libres avec les écoles publiques dans l'application des règlements établis uniquement pour les écoles publiques. Nous oublions parfois nous-mêmes que nos écoles sont soumises seulement aux actes *législatifs* (lois et décrets organiques), que par suite les arrêtés, instructions diverses, circulaires, etc... ne sont que des *règlements intérieurs* pour la famille universitaire, et enfin que, même dans la loi, les articles qui visent l'enseignement public ne nous concernent *en aucune manière*.

Quand donc on cite un texte des lois scolaires, il faut se reporter au titre général du chapitre pour bien voir si l'article concerne les écoles libres ou seulement les écoles publiques. Souvent la confusion est facile.

* ** *

Dans l'école libre *la liberté est la règle, la règlementation est l'exception*. Par conséquent tout ce qui n'est pas interdit formellement par un texte précis reste permis, la règle fut-elle différente pour l'école publique.

L'instituteur libre n'a pas à prouver qu'il a droit d'agir de telle manière ; c'est à ceux qui lui en contestent le droit de lui citer un *texte législatif* limitant sa liberté et non pas seulement un règlement, une circulaire; car il n'a à recevoir *d'ordre* d'aucune autorité, pas même du Ministre ; le Ministre, comme l'Inspecteur, ne peut que lui *rappeler une loi*. Seuls les Tribunaux pourraient fermer son école (v. p. 66).

Quatre libertés lui sont reconnues: 1° la liberté des MÉTHODES ; 2° la liberté du PROGRAMME; 3° la liberté des LIVRES (sauf les ouvrages interdits par le C. S. (v. p. 97); 4° la liberté de l'ENSEIGNEMENT RELIGIEUX.

Ainsi l'instituteur libre ne peut être forcé, ni même invité, à se conformer aux divers programmes et règlements, élaborés presque chaque année pour l'enseignement public. Il n'est point tenu *légalement*, de se faire pour lui-même un *Règlement*, un *Emploi du temps*, ni par conséquent d'en afficher un. Les classes s'ouvrent et se ferment au jour et à l'heure qu'il veut. Il peut donner ou non congé le jeudi et le dimanche ou un autre jour, prendre ou non des vacances à Pâques, au 14 juillet, en Août, à la St-Nicolas, pour l'Adoration, etc *à condition bien entendu de se tenir dans des limites raisonnables ;* il peut faire par jour 2, 3 ou 4 classes ou une seule, et faire-durer chaque classe le temps qu'il veut ; il n'est pas forcé de donner des leçons sur toutes les parties du programme chaque semaine, il pourrait enseigner l'arithmétique le 1er trimestre, la géométrie le 2e, réunir deux classes pour un même enseignement, etc...

L'Enseignement religieux est légalement facultatif. La loi ne l'ignore pas, mais le reconnaît positivement dans l'école libre, soit uni aux autres matières, soit donné séparément. Il peut être donné par toute personne brevetée ou non, soit aux garçons, soit aux filles, soit aux deux sexes réunis, dans l'école ou hors de l'école, pendant les heures de classe comme à tout autre moment.

En somme, comme on le voit, aucun *code* ou *manuel* ne saurait tracer méthodiquement les règles d'une organisation de l'école libre ; on ne peut qu'indiquer les lois qui çà et là restreignent sa liberté, et la liberté demeure illimitée partout où il n'y a pas de restriction légale. Sur les points que la loi n'a pas réglés, il n'y a place qu'à des conseils.

CHAPITRE II

Différentes sortes d'Ecoles primaires

La loi reconnaît pour l'enseignement libre comme pour l'enseignement public: 1° l'école MATERNELLE ; 2° l'école PRIMAIRE ÉLÉMENTAIRE.

Entre l'Ecole maternelle (autrefois appelée *Salle d'asile*) et l'école primaire, il peut y avoir la *Classe enfantine* qui n'est pas une *école* indépendante, mais une simple *annexe*, soit comme première classe de l'école maternelle, soit comme dernière classe de l'école primaire.

On peut annexer plusieurs classes enfantines à une même école (maternelle ou primaire).

La loi reconnaît encore : 3° l'école PRIMAIRE SUPÉ-

RIEURE qui peut être suppléée par des *Cours complémentaires* annexés à une école élémentaire.

4° les écoles manuelles D'APPRENTISSAGE et les COURS D'ADULTES. — Ces Écoles ou Cours peuvent soit exister séparément, soit être annexés à une école élémentaire ou supérieure (1).

5° Toutes ces diverses écoles peuvent comprendre ou non un PENSIONNAT. Cependant une école mixte (d'enfants au-dessus de 7 ans) ne peut recevoir de pensionnaires qu'avec l'autorisation du Conseil départemental. Ne devrait pas être considérée comme pensionnat l'école qui, dans la mauvaise saison, couche un, peut-être deux élèves dont les familles sont éloignées, ou qui en nourrit plusieurs à certains repas, alors même qu'elle ferait payer le vivre et le coucher. A plus forte raison l'instituteur pourrait loger, sans avoir à en rendre compte à personne, quelques enfants de sa famille qui suivent ou non les classes avec ses élèves (2).

Les écoles maternelles et les classes enfantines sont mixtes de leur nature, c'est-à-dire qu'elles peuvent toujours de plein droit recevoir des enfants des deux sexes. Elles peuvent donc admettre des petits garçons, soit seuls, soit avec des petites filles, même si elles sont annexées à un pensionnat de filles. Et si plusieurs classes enfantines sont annexées à une même école, chacune peut recevoir les deux sexes ou n'en admettre qu'un seul.

Toutefois une classe enfantine annexée à une école de garçons ne peut jamais admettre que des garçons.

Toutes les autres écoles ne peuvent en principe recevoir que des élèves d'un seul sexe.

Seules les écoles élémentaires de filles peuvent recevoir les deux sexes, et cela de plein droit, lorsqu'il n'y a pas dans *le lieu*, une autre école publique ou libre spéciale aux filles. Dans le cas contraire, il faudrait, pour admettre les deux sexes, une autorisation du Conseil dépar-

---

(1) Ne constitue pas une école soumise à la loi organique de 1886, un établissement d'instruction professionnelle qui développe les connaissances d'une industrie déterminée chez des jeunes gens qui ont terminé leur instruction générale (C. Douai, 2 mai 1908).

(2) Le Conseil supérieur a prononcé la peine de la censure contre une institutrice qui avait reçu trois pensionnaires sans avoir fait de déclaration de pensionnat (27 décembre 1906).

temental. — La loi dit *dans le lieu* et non pas dans *la Commune* pour ne pas exclure la possibilité d'une école mixte dans un hameau éloigné de l'école de filles, ou séparé par un obstacle, une rivière par exemple, quoique situé sur le territoire de la même commune.

On voit que la qualité de *mixte* ne constitue pas une *espèce* ou *nature* particulière d'école Une école mixte est simplement une école *de filles* recevant exceptionnellement des garçons. Elle pourrait, étant mixte en principe, ne recevoir en fait que des garçons.

L'école *de demi-temps*, (où une partie des élèves vient le matin et l'autre le soir), ne constitue pas non plus légalement une catégorie à part. Il n'y a donc pas à déclarer cette particularité, et cette combinaison offre une ressource quand le local ou le personnel sont insuffisants.

Une école ne peut prendre le titre de *supérieure* que si le Directeur est muni du brevet supérieur (v. p. 17). Mais, dans une école qui n'a pas ce titre officiel, on peut enseigner les matières de l'enseignement primaire supérieur et même préparer aux divers diplômes, l'école libre n'ayant pas à tenir compte des programmes souvent remaniés qui déterminent minutieusement les matières attribuées à chaque sorte d'écoles publiques.

La loi ne se préoccupe pas du système de gratuité ou de paiement adopté pour une école libre. Il peut donc y avoir des classes payantes et des classes gratuites dans un même immeuble et sous une seule direction.

Les *Crèches*, les *Garderies*, les *Patronages*, les *Ouvroirs*, etc., quelque soit l'âge des enfants admis, ne sont point des écoles. Ce sont de simples *réunions d'enfants ;* les lois et autorités scolaires n'ont rien à voir avec elles (v. p. 84),

Un directeur *d'Orphelinat* qui pourvoit *entièrement* à tous les besoins de ses protégés est considéré comme un vrai père de famille, et par suite il peut, sans brevet comme sans déclaration d'ouverture d'école, donner ou faire donner l'enseignement familial simultanément à tous ses enfants quel qu'en soit le nombre (v. p. 77).

CHAPITRE III

Le Local

Aucune disposition légale n'a déterminé à quelles conditions matérielles doit satisfaire une école pour se tenir à l'abri de toute difficulté de la part de l'administration. Seul l'art. 178 du décret du 18 janvier 1887 précise, *pour les pensionnats*, que les dortoirs doivent comporter 15 mètres cubes d'air par élève.

En ce qui concerne les *externats*, la loi de 1886 se borne à dire qu'il peut être fait opposition à l'ouverture « pour des motifs tirés de l'HYGIÈNE et des BONNES MŒURS ».

Il existe bien une *Instruction* officielle du 17 juin 1880 pour la construction des écoles *publiques*. Mais les dispositions de ce règlement ne sont, pour les établissements publics eux-mêmes, que des *indications* qui sont loin d'être toujours suivies. Elles ne peuvent être invoquées à propos des écoles libres devant aucune juridiction.

Au reste, dès le 28 juillet 1882, le Ministre, en rééditant ce règlement avec quelques atténuations, a déclaré qu'il contenait « des prescriptions trop rigoureuses, lorsqu'il s'agit surtout d'écoles rurales. »

Il va sans dire qu'en fait, lorsqu'on voudra construire un établissement modèle, il pourra être utile de consulter ce document (revisé le 18 janvier 1887) comme tout autre traité publié par un auteur compétent (1).

Mais si l'on veut se renseigner sur les conditions *minima* suffisantes pour écarter une opposition du Maire ou de l'Inspecteur, c'est à l'examen de la jurisprudence qu'il faut demander réponse. Le Conseil supérieur (v. p. 26) est juge en dernier ressort de cette matière ; il est par conséquent l'interprète autorisé de ce que signifie l'expression très élastique « *l'intérêt de l'hygiène et des bonnes mœurs.* »

Or, à plusieurs reprises, il a décidé qu'une école libre « peut être ouverte quoiqu'elle n'offre pas toutes les

---

(1) Nous conseillons le *Guide pratique pour la construction des écoles libres*, par MM. BION et MARTINUS DE ROUX, architectes. In-8°, à la Société d'Éducation, 35, rue de Grenelle, Paris, 2 fr.).

conditions qu'on peut désirer d'un établissement modèle *du moment qu'elle ne présente aucun danger* ni pour la santé, ni pour la moralité des élèves. »

En fait, les dangers vrais ou prétendus sur lesquels il a eu à se prononcer proviennent soit du *voisinage*, soit de l'*installation* elle-même. Il ne peut-être question que de dangers permanents ; une cause d'insalubrité transitoire ne saurait motiver ni une opposition ni une fermeture.

Voisinage. — Avec l'*Instruction* officielle, nous exprimons le *désir* que l'emplacement choisi soit « central, bien aéré, d'un accès facile et sûr, éloigné de tout établissement bruyant, malsain ou dangereux », et nous ajouterons : voisin de l'Eglise.

Mais le Conseil supérieur a jugé qu'un local ne peut être interdit en raison seulement de la proximité d'un cabaret, auberge, buvette, bal ou café-chantant, surtout si l'on ne voit ni n'entend rien de la classe ni de la cour, bien que ce voisinage soit regrettable. L'art. 9 de la loi du 17 juillet 1880 dispose que les Maires pourront, les Conseils municipaux entendus, prendre des arrêtés pour déterminer, sans préjudice des droits acquis, les distances auxquelles les cafés ne pourront être établis autour des... écoles, collèges, etc. Mais ces arrêtés ne sauraient fixer les distances auxquelles les écoles ne pourront être ouvertes autour des cafés.

Certaines lois prescrivent d'éloigner les cimetières de 35 à 40 mètres des bourgs ou villes, et défendent les constructions *nouvelles* à moins de 100 mètres. On pourrait donc, s'il y avait malveillance, s'exposer à des difficultés en ne s'y conformant pas ; mais le Conseil supérieur, estimant « qu'un local voisin d'un cimetière peut, malgré cela, offrir des conditions suffisantes de salubrité », ne maintient les oppositions de ce chef que si, pour des causes *locales exceptionnelles*, des infiltrations nuisent *effectivement* à la salubrité.

La contiguïté d'une école publique, d'une garderie, d'un patronage ou d'une autre œuvre, le voisinage d'une scierie, d'une briqueterie, d'une poterie, d'une tannerie, d'une porcherie, d'un abattoir, d'une étable, d'une ferme, etc., ne peuvent motiver le refus d'un local, pourvu qu'il exite une clôture convenable. *Item* les vues des fenêtres voisines sur la cour (C. S. déc. 1908).

Cependant le passage ou l'accès possible du bétail dans une cour d'école ne serait pas toléré.

L'art. 43 de la loi de 1886 admet les écoles libres dans les hôpitaux, à condition qu'elles soient isolées des salles de malades.

Les émanations désagréables ne seraient opposables légalement que si elles étaient scientifiquement nuisibles à la santé.

L'humidité du quartier, de l'emplacement, pourvu qu'il soit pris des précautions pour en atténuer l'effet, la déclivité du terrain, la pente du chemin d'accès, les escaliers, etc., surtout dans une localité généralement accidentée, ne sont pas jugés constituer un danger.

Installation. — Par *locaux scolaires* on entend seulement les classes et annexes *destinées aux enfants pendant les exercices scolaires*. Par conséquent, le logement des maîtres ou des maîtresses, leur jardin, les locaux affectés à d'autres œuvres qu'ils dirigent, telles que patronages, ouvroirs, etc., sont en dehors de toute réglementation ou inspection académique.

Le logement, pour des maîtres d'externat, peut ne pas exister ou ne pas être contigu à l'école. Dans ce cas, il appartient à l'instituteur de prendre des mesures pour que la surveillance n'en souffre pas, mesures dont il n'a pas à donner avis lors de sa déclaration.

La co-existence sous le même toit, d'une garderie, d'une autre école (primaire, secondaire ou maternelle), ou de toute autre œuvre fonctionnant aux mêmes heures que l'école, est licite, pourvu que les locaux soient sans communication entre eux (C. S. 19 juill. 06), alors même que l'entrée serait commune (C. S. déc. 01). Le local scolaire lui-même peut servir, en dehors des heures de classe, à un patronage ou à d'autres réunions, même politiques.

Rien n'empêche, à la rigueur, que deux écoles ne soient installées dans la même salle, pourvu que les heures de classe ne coïncident pas. Par exemple un Cours d'Adultes peut être organisé le soir ou le dimanche dans un local où fonctionne, aux heures normales, une école ordinaire dirigée par un titulaire différent.

Les préaux couverts, couloirs, vestiaires, salles d'attente, lavabos, installations d'eau, lits de repos, cuisines scolaires, réfectoires, salles de dessin, bibliothèques, ateliers pour travaux manuels, jardins, gymnases couverts ou non, etc., ne sont requis dans aucune école primaire. Seulement, si on les fait entrer dans le plan, il faut que « la morale et l'hygiène » soient partout en sûreté — Que les escaliers, s'il y en a, soient commodes et sans danger.

Une école peut n'avoir pas de cour de récréation. Une place publique interdite aux voitures peut en tenir lieu (C. S. déc. 06). L'instituteur, libre de ses méthodes, pourrait d'ailleurs ne recevoir ses élèves qu'aux heures de travail. Cependant, pour une école maternelle, le C S. a déclaré nécessaires la cour (juil. 09) et même le préau fermé pour salle d'exercices (16 déc. 09).

La forme et les dimensions de la cour ne sont point réglées. Pourvu qu'elle n'offre aucun danger particulier pour les jeux, qu'elle soit convenablement dressée, qu'elle soit close même par une simple palissade, du côté des chemins, des puits, des précipices et autres voisinages périlleux, il n'y a rien à craindre. Il est à désirer qu'elle ne soit ni trop étendue ni trop exiguë, qu'on puisse facilement en surveiller tous les coins, que le sol soit propre et l'écoulement des eaux facile.

L'installation des cabinets et urinoirs sera en rapport avec l'importance de l'école ; mais rien n'est exigible quant au nombre ou au type adopté, sinon toujours que la morale et l'hygiène des élèves n'aient rien à redouter. Il suffit pour cela d'écarter tout danger de chute dans la fosse (avec ou sans siège), de ventiler au moyen d'un tuyau d'appel et d'installer chaque privé ou urinoir de façon qu'il soit facilement surveillé de l'une des classes. L'étanchéité imparfaite des fosses n'est une cause d'opposition que s'il peut en résulter effectivement une contamination de l'eau potable (déc. 1906).

Dans les écoles mixtes, il doit y avoir des cabinets distincts pour chaque sexe. La cour doit aussi être partagée au moins par une claire-voie. Cette séparation est facultative dans les écoles maternelles et classes enfantines. Il convient toutefois que la cour et les cabinets d'une classe enfantine annexée à un pensionnat soient indépendants, si les deux sexes sont admis.

On exige depuis 1903 qu'à moins d'impossibilité il y ait *constamment* de l'eau *potable* à la disposition des élèves. (C. S. juill. 03 ; Circ. 15 janv. 08). Toutefois, il n'est pas nécessaire, pas même désirable que les enfants aient accès au puits ou à la pompe (C. S. déc. 08).

A l'asile, il faut des lavabos.

L'instituteur n'a pas à prouver par une analyse que son eau est bonne. Une circulaire du 4 janvier 1897, en charge l'inspecteur et la commission d'hygiène, et leur assure les moyens d'obtenir de la Faculté des Sciences une analyse prompte et gratuite. Cette eau est soit fournie par un puits, une prise d'eau ou une pompe dans l'école même, soit apportée d'une fontaine publique ou privée située à proximité. Si la qualité en paraît douteuse, il suffira presque toujours d'installer un filtre.

S'il survient une opposition visant l'eau, l'inspection devra fournir, comme moyens de comparaison, des renseignements sur l'eau des autres écoles voisines (Circ. juin 1907.)

— Quant aux classes elles-mêmes, il faut et il suffit qu'elles soient « convenables ».

Des moyens de chauffage doivent y être prévus.

De petites dimensions ne sauraient motiver une opposition, le titulaire n'ayant pas à déclarer d'avance combien il entend recevoir d'élèves. Aucune loi n'assigne un cube d'air minimum pour chaque enfant. Le nombre des élèves à admettre raisonnablement dans un espace donné dépend beaucoup de leur âge, de leur propreté, de l'aération naturelle ou artificielle, etc. Tout au plus, une fois l'école ouverte, on pourrait donner prise à des observations et peut-être à un procès-verbal fondé sur la présence d'enfants accumulés en des conditions *dangereuses* pour l'hygiène (v. p. 60). Mais, ne l'oublions pas, l'exiguïté peut parfaitement être compensée par une bonne ventilation naturelle ou artificielle.

Les dimensions trop vastes ont été elles-mêmes des prétextes à opposition. En réalité, une classe trop grande est vraiment nuisible à l'hygiène.... des maîtres qu'elle fatigue et dont la santé mérite bien aussi un peu d'attention. L'administration *désire* un cube d'air de

5 m. par élève. Les fenêtres seront pourvues d'un vasistas.

L'élévation du plafond à 4 m. n'est nullement nécessaire, même dans une construction neuve ; une hauteur de 2 m. 80 a été jugée suffisante en des locaux appropriés. On peut gagner en surface les cubes d'air que l'on perd en hauteur.

Il est bon, mais non requis, que le sol soit établi sur cave, voûtes ou lambourdes ; il peut être en parquet ou dallage de toute nature, pourvu qu'il ne soit réellement pas humide. — Ni tables, ni gradins ne sont obligatoires dans une salle d'asile.

Des solives visibles n'ont point besoin d'être recouvertes. Un plafond de briques, de plâtre ou de parquet bouveté, peut être cintré ou en voûte brisée, ce qui permet d'approprier sans relever les murs, et sans grands frais, une grange, une pièce basse d'étage, etc. Une couverture en chaume est jugée dangereuse (C. S. 98).

Les murs épais, en moëllons, sont assurément désirables, mais beaucoup de classes sont construites en briques, en colombage ou même en bois. Dans ce dernier cas, si le bois n'est pas ignifugé, il faut assurer de larges dégagements pour le cas d'incendie.

Les parois sont recouvertes, soit de peintures qu'on peut laver, soit d'un lait de chaux qu'on renouvelle de temps en temps.

On donne aux cloisons l'épaisseur et la consistance qu'on veut. Une cloison vitrée entre deux classes est avantageuse à plusieurs points de vue.

L'éclairage est unilatéral ou bilatéral à volonté, pourvu qu'il soit bien établi. Le meilleur jour arrive de gauche à droite ; il n'est pas bon qu'il entre en face du Maître.

Pour écarter les distractions extérieures, on conseille d'élever l'appui des fenêtres ou bien de dépolir les vitres jusqu'à 1 m. 20 au dessus du sol.

Mobilier. — Il est difficile que le mobilier des classes puisse donner lieu à des réclamations sérieuses. Chacun peut donc, après avoir consulté ses moyens, le faire établir dans les conditions qu'il juge les plus convenables à l'ordre et à la bonne installation des élèves.

Le poêle seul exige certaines précautions contre les brûlures (double enveloppe ou entourage) et le dessèchement de l'air (vase plein d'eau). Ces précautions prises, il n'y a pas à s'inquiéter si l'on ne peut se procurer rien de mieux qu'un poêle en fonte, alors même que le tuyau devrait passer par dessus la tête des enfants. — Les chaufferettes sont jugées antihygiéniques (C. S. juil. 07).

— **Une remarque** très importante en terminant, c'est que tout *le local scolaire* doit être *entièrement en état*, même au point de vue de l'humidité si l'on vient de construire ou de réparer, *au moment de la déclaration d'ouverture*, ou tout au moins de la visite du Maire et de la commission d'hygiène. Les travaux postérieurs, loin d'être utiles, sont regardés comme un aveu de défectuosité. On fera bien d'y faire régner l'ordre et la propreté ; cela le fera valoir.

Toutefois, il n'est pas nécessaire que la classe soit déjà meublée, ni que le logement des maîtres soit achevé (1).

S'il était fait opposition, le litige serait jugé d'après les constatations faites à la visite, sans avoir égard aux améliorations promises ou même accomplies au moment des débats. Il ne serait tenu compte de ces modifications qu'après une nouvelle déclaration (v. p. 43). On n'admettait pas comme justification d'une défectuosité l'exemple d'une situation égale ou pire des écoles publiques.

Il n'y a pas à se préoccuper d'établir à qui appartient la propriété ou la jouissance du local ou du chemin d'accès. L'autorité scolaire n'a rien à y voir, quand même une autre administration ou des particuliers élèveraient des difficultés à ce sujet.

Rien n'empêche que le local ne reste occupé,

---

(1) Quand on veut édifier rapidement une école, on peut employer le système des constructions « *La Rapide* » de MM. Branchu, Houdayer, et Beaufils, 11, rue Saint-Charles, au Mans.

jusqu'à l'ouverture, par d'autres locataires, une œuvre, une industrie, une garderie, etc.

Rien ne s'oppose à l'installation d'une école dans un presbytère ou une dépendance de l'Eglise.

Bénédiction. — Le Rituel a une bénédiction spéciale pour les Maisons d'école. L'Eglise entoure cette cérémonie d'une solennité tout exceptionnelle.

Les fondateurs d'une école chrétienne ne négligeront pas d'en profiter pour inaugurer saintement une œuvre qui a pour premier but d'être un foyer de sanctification pour les jeunes âmes.

C'est au Curé de la paroisse ou à son délégué qu'il appartient de procéder à cette bénédiction.

CHAPITRE IV

Le Personnel

Conditions. — Pour enseigner dans une école primaire élémentaire il faut être Français ou naturalisé, et posséder au moins le brevet élémentaire.

Dans une école maternelle, le diplôme requis est aussi le brevet simple, ou bien le certificat spécial aux écoles maternelles qu'on ne délivre plus depuis 1886, mais qui reste toujours valable.

Le brevet supérieur est exigé du titulaire dans une école déclarée comme supérieure, et, dans une école élémentaire, du professeur spécial chargé de la classe déclarée comme *Cours supérieur* ou *complémentaire*.

Le baccalauréat, la licence ou le doctorat ne peuvent suppléer le brevet; mais ces grades (avec 5 ans de stage) permettent d'ouvrir une institution secondaire dans laquelle peut se donner l'enseignement primaire sans que les adjoints aient besoin d'aucun diplôme (L. de 1850).

Un étranger admis à établir son domicile en France peut être autorisé par le Ministre, après avis du Conseil départemental, à exercer comme professeur ou comme maître surveillant. S'il n'a qu'un diplôme étranger, il doit obtenir que ce diplôme soit entériné comme équivalent du brevet français. L'autorisation obtenue ne s'appliquequ'à la fonction pour laquelleil l'a demandée; pour changer d'école ou même de fonction, il lui en faut une nouvelle. L'autorisation peut toujours lui être refusée ou retirée. Elle lui est nécessaire même pour enseigner *seul* sa propre langue ou d'autres matières accessoires, mais non pour le rôle d'*auxiliaire* ou de *répétiteur*, s'il est couvert par la présence d'un maître qui comprend son langage.

Sont dispensés du brevet les instituteurs qui au 1er janvier1881 avaient 35 ans d'âge et 5 ansd'exercice.(1)Ceux qui étaient alors adjoints ne peuvent exercer que comme adjoints, mais ils peuvent être changés de poste ou reprendre l'enseignement s'ils l'ont abandonné.

Les brevets spéciaux de dessin, enseignement agricole, droit usuel, gymnastique, chant, langues et autres matières accessoires ne sont jamais nécessaires; ces matières peuvent être enseignées par tout Français (v.p.73.)

La fonction d'*adjoint chargé de classe* peut être exercée à partir de 17 ans par les institutrices, et par les instituteurs à 18 ans accomplis.

Pour *diriger* une école primaire ou maternelle, il faut avoir 21 ans. On peut faire la déclaration quelques semaines avant cet âge, pourvu qu'on n'ouvre qu'à 21 ans.

Pour ouvrir ou annexer un pensionnat, ou une école supérieure, la loi demande 25 ans. — Aucun stage préalable n'est exigé même pour un pensionnat.

Aucune limite d'âge n'oblige à cesser les fonctions d'instituteur. Un malade peut rester titulaire, du moins temporairement.

Les brevetés de moins de 17 ou 18 ans ne peuvent participer à l'enseignement qu'à titre d'auxiliaires.

Aucun diplôme ou certificat n'est d'ailleurs exigible d'un *auxiliaire* ou *moniteur*, lequel peut être choisi même parmi les élèves de la classe. Mais il ne doit pas être *chargé* d'une classe ; sa fonction consiste à *aider* le Maître dans son enseignement sans être chargé seul d'élèves distincts de ceux du Maître (Cass. 13 janv. 88.)

S'il se tient dans une pièce voisine, une porte ouverte

---

(1) Un ancien titulaire prouve son stage par un certificat de l'Inspecteur d'Académie du département où il enseignait; un adjoint par un certificat du ou des titulaires qui l'ont employé ou par toute autre pièce attestant ses 5 ans d'exercice au 1er janvier 1881.

doit permettre au Maître chargé de la classe d'exercer constamment son contrôle par le regard et par l'ouïe. (C. Nîmes, 29 avril 87; C. Paris, 2 août 90; C Riom, 27 mars 07). Cependant la fermeture accidentelle d'une porte vitrée ne compromettrait pas le Directeur si rien de plus ne pouvait être relevé contre lui (Périgueux, 8 oct. 00). — Saumur, 13 mars 96).

Ce contrôle constant n'est pas exigible s'il ne s'agit que de faire une simple surveillance à l'étude, en récréatton, au réfectoire ou au dortoir, ou d'enseigner soit le Catéchisme, soit certaines matières spéciales, comme l'ouvrage manuel, le dessin, le chant, la gymnastique, les exercices militaires. L'auxiliaire peut même suppléer le maître en cas d'indisposition passagère et de courte durée. (Poitiers, 4 mai 88; Angers, 20 fév. 92).

En classe l'auxiliaire fait *répéter* les leçons du Maître; il n'a donc pas à se taire. Mais comme on ne peut lui abandonner ni le soin exclusif d'une *division*, ni l'enseignement d'une *spécialité*, le Maître doit s'occuper par lui-même de tous ses élèves, du moins indirectement en dressant l'auxiliaire à donner chacune de ses leçons (Poitiers, 4 mai 88) selon la méthode propre à l'enseignement mutuel (1).

Il faut éviter d'appeler *classe* distincte un groupe d'enfants dont l'auxiliaire s'occuperait plus particulièrement; il n'y a qu'une classe, et tous les élèves doivent figurer ensemble sur une seule et même liste dans le registre d'appel.

Incapacités. — Sont incapables de remplir aucun emploi scolaire ceux qui ont subi certaines condamnations pour crime ou délit contraire à la probité ou aux mœurs, et ne sont pas réhabilités; qui sont actuellement privés des droits mentionnés par l'art. 42

---

(1) L'enseignement mutuel consiste à faire instruire les enfants par quelques-uns d'entre eux nommés *moniteurs*, préparés par le maître à donner leurs leçons sous sa surveillance. Ces moniteurs peuvent aussi être pris en dehors des élèves, comme les élèves-maîtres employés dans les annexes des écoles normales. Le même maître peut ainsi donner son enseignement par intermédiaire à plusieurs centaines d'élèves réunis.

L'enseignement mutuel, naguère fort à la mode, n'est interdit par aucune loi. On peut donc y recourir dans la mesure qu'on juge convenable, et c'est une ressource à utiliser quand on manque de personnel-

du Code pénal, ou qui ont été frappés d'interdiction absolue (v. p. 68).

C'est en vue de prouver la régularité de leur situation judiciaire, que les Instituteurs, du moins les Directeurs, doivent être constamment munis de leur casier judiciaire. Ce casier doit, au moment où on le présente pour la déclaration d'ouverture, être de date *récente* (expression imprécise prêtant à l'arbitraire) si l'instituteur se présente dans un département où il n'exerçait pas précédemment. On ne lui demandera pas de le renouveler tant qu'il restera dans le même poste, ni même généralement s'il change d'école mais sans quitter le département.

Chaque directeur ou adjoint doit aussi posséder son extrait de naissance et son ou ses diplômes. Le casier n'est pas strictement exigible des adjoints.

Congréganistes. — En principe, la loi du 7 juillet 1904 interdit aux Congrégations l'enseignement de tout ordre et de toute nature (1). Transitoirement, l'enseigment peut encore être donné dans les établissements précédemment autorisés à cette fin jusqu'à ce qu'intervienne un arrêté promulgué au *Journal Officiel*, puis notifié et affiché, 15 jours au moins avant la fin de l'année scolaire, ordonnant soit la fermeture absolu de l'établissement soit la fermeture de l'école annexée à un établissement maintenu pour une fin charitable.

La fermeture totale de toutes les écoles congréganistes sera effectuée avant le 7 juillat 1914, « sauf exception pour les classes uniquement destinées à des enfants hospitalisés auxquels il serait impossible, pour des motifs de santé ou autres, de fréquenter une école publique ». Si ces classes sont fermées, les enfants hospitalisés ne sont d'ailleurs pas obligés de choisir l'école publique quand ils peuvent satisfaire à l'obligation

---

(1) Il faut entendre l'enseignement *collectif*, dans les écoles. L'enseignement *particulier* reste toujours *en dehors* des lois scolaires. Les Congréganistes penvent donc à titre individuel, donner des leçons particulières, être précepteurs, etc. (T. Marseille, 23 avril 02 ; T. Rodez, 9 août 07 ; C. Montpellier, 15 nov. 07). Si cependant plusieurs Congréganistes *organisaient* l'enseignement familial sur une grande échelle, on pourrait les inquiéter comme faisant l'œuvre de la Congrégation, surtout si l'institut l'autorisait et en profitait. (T. Bar-sur-Seine, 28 fév. 07 ; Cass. 18 juin 04).

scolaire soit en fréquentant une école libre, soit en recevant l'éducation familiale, (v. p. 9).

La liste *ne varietur* du personnel congréganiste autorisé à enseigner a dû être fournie au préfet avant le 7 août 1904. Elle ne peut comprendre que des congréganiste majeurs, définitivement entrés dans la Congrégation avant le 7 juillet 1904. Les personnes inscrites sur cette liste peuvent être changés de poste comme antérieurement, mais aucune autre ne pourra être recrutée, les noviciats pour l'enseignement étant dissous de plein droit. Exception est faite pour les noviciats qui forment le personnel des écoles françaises à l'étranger et dans les colonies ; mais le nombre des novices est limité et aucun nouveau ne doit y être admis avant l'âge de 21 ans (1).

Sécularisés. — Les religieux *sécularisés* ou *laïcisés* (2) sont exactement dans la même situation légale que les laïques. Si le ministère public conteste la réalité de leur sécularisation, c'est à lui d'établir la preuve de leur affiliation *actuelle* (3).

Il est désirable que l'autorité ecclésiastique qui délie

---

(1) Un liquidateur nommé pour chaque congrégation enseignante dresse inventaire de tous les biens, lesquels ne peuvent être loués sans son consentement, administre l'avoir des établissements fermés et, lors de la dissolution définitive de l'institut, liquide les biens d'après la loi du 24 mai 1825.

Après prélèvement des pensions prévues par la loi de 1825, le prix des biens qui ne seraient pas revendiqués sera employé à la construction ou à la location d'écoles publiques.

Dans les congrégations mixtes il n'est pas nommé de liquidateur ; les biens affectés aux écoles accroîtront aux autres services de la congrégation.

Toute revendication doit être formulée contre le liquidateur dans le délai de 6 mois à partir du jour fixé pour la fermeture de l'établissement. Passé ce délai, les biens non revendiqués seront vendus, sauf ce qui, avant le 7 juillet 1904, était affecté à la retraite des congréganistes, ou que le liquidateur y affecterait.

Toute action contre les communes ou les établissements publics devra sous peine de forclusion être intentée dans les deux ans.

Un *Règlement d'administration* du 2 janvier 1905, détermine les mesures propres à assurer l'exécution de cette loi du 7 juillet.

(2) La *sécularisation* proprement dite, est le retour d'un religieux (d'un *régulier*, en style canonique) dans le clergé séculier ; la *laïcisation* est le retour à l'existence purement laïque. Mais souvent on emploie indistinctement le terme *sécularisation*.

(3) Cependant, la Cour de Cassation a créé certaines présomptions de délit dont il appartient aux inculpés d'apporter la preuve contraire. (Voir la brochure *Conditions de la validité de la sécularisation*, par Taudière, 0 fr. 10, et *Les lois sur les Associations*, in-8°, 2 fr. — Paris, 35, rue de Grenelle).

les religieux de leurs engagements, leur délivre une attestation authentique de cette décision.

Au reste, les vœux, formés sans le concours de l'autorité civile, sont rompus de même, et l'autorité judiciaire est incompétente pour apprécier, infirmer ou écarter un acte épiscopal de sécularisation ou d'incorporation.

Peu importe que le sécularisé enseigne dans un local précédemment occupé par la Congrégation dissoute ou abandonnée, si, sérieusement et sincèrement sécularisé, il n'y est plus placé sous l'autorité des supérieurs de ladite Congrégation.

S'il est sécularisé sur place, il peut continuer d'enseigner sans faire une nouvelle déclaration de réouverture.

Dans tous les cas, pour que la sécularisation ne soit pas contestable, il faut que la rupture avec la Congrégation soit réelle et que les intérêts des sécularisés soient nettement distincts, surtout si, sortis de la même Congrégation, ils vivent sous le même toit. Les rapports d'amitié ne sauraient être interdits, mais ils doivent rester discrets pour ne pas devenir suspects.

Hiérarchie. — Contrat. — Congé. — Le Directeur d'une école libre ne relève d'aucune autorité scolaire pour la direction de son enseignement. Il a sur son école, dans les limites de la loi, les mêmes pouvoirs que l'Inspecteur d'Académie sur les écoles puliques. Ses adjoints et employés ne relèvent que de lui. Il peut leur accorder des congés illimités et même les changer *sans avoir à le déclarer*; il doit seulement tenir à jour son *Registre du personnel* (p. 45).

Au point de vue du contrat de louage, le *délai-congé*, fixé par la jurisprudence pour le renvoi d'un maître, sauf convention particulière est d'un mois (T. Paris, 6 mars 06). L'employeur qui renvoie, ou le maître qui quitte doit donc prévenir au moins un mois d'avance ou payer l'indemnité d'un mois d'honoraires (y compris nourriture, etc.) Si un renvoi ou départ précipité cause un dommage moral ou matériel, il peut y avoir lieu, de plus, à des dommages-intérêts proportionnés au préjudice effectif. — Le délai d'un mois étant généralement reconnu insuffisant tant pour le remplacement que pour le replacement d'un titulaire, il y a presque toujours lieu à dommages-intérêts si le délai est inférieur à 2 ou 3 mois. — Toutefois, des torts graves peuvent justifier un renvoi immédiat et exempter de dommages-intérêts ou même créer des droits à une demande reconventionnelle. Mais rarement l'employeur est dispensé de l'indemnité d'un ou deux mois. — Une administration (direction diocésaine, syndicat, etc) qui change sans délai un instituteur, conformément à un règlement, connu et accepté par le fait même de l'entrée dans les rangs du personnel, ne doit aucune indemnité, et l'employé ne saurait prétexter une mutation régulière pour rompre subitement son quasi-contrat sans motif valable. — De même quand une partie donne congé dans un délai conforme à l'usage ou aux conventions, l'autre partie ne peut, sans injustice, en prendre occasion de signifier un congé immédiat (T. Paris, 5 avril 09).

Le Directeur choisit pour lui-même la classe qu'il veut, ou ne se charge d'aucune ; car il n'est point obligé d'enseigner constamment lui-même.

Il doit diriger effectivement son école et, s'il n'habite pas le local, s'y rendre fréquemment; il doit même l'habiter s'il a des pensionnaires (C. S. juil. et 3 oct. 08 ; juil. 09). S'il est forcé de s'absenter, il pourvoit à ce que rien ne souffre de son absence, pendant laquelle il demeure responsable de ce qui se passe dans ses classes.

D'après une circulaire de M. Gréard, vice-Recteur de l'Académie de Paris (30 Avril 1896) en cas d'absence de plus de 15 jours il est *prié* d'aviser le Recteur (ou l'Inspebteur d'Académie) et de lui faire connaître le nom et les titres de son suppléant. Cet avis constitue le titulaire dans une situation analogue à celle des fonctionnaires *en congé*, et le décharge dans une certaine mesure sur son suppléant, que l'administration connaît ainsi et avec lequel elle peut entrer en rapport direct. Sans cette précaution, il pourrait arriver que le Directeur fût poursuivi disciplinairement pour faute grave (v. p. 68), ou l'adjoint correctionnellement comme prenant la direction effective d'une école sans formalités (V. p. 66).

Personnel propre aux diverses écoles.

— En principe, l'enseignement est donné par des instituteurs dans les écoles de garçons et par des institutrices dans les écoles de filles, dans les écoles mixtes, dans les écoles maternelles, et dans les classes enfantines recevant les deux sexes.

Une classe enfantine ne recevant que les garçons peut être confiée soit à un homme (1) soit à une femme.

Dans les écoles de garçons, la mère, l'épouse, la sœur ou la fille de l'instituteur titulaire peut enseigner à titre d'adjointe dans toutes les classes.

De plus, le Conseil départemental peut autoriser une institutrice à diriger une école de garçons, même internes, jusqu'à l'âge de 13 ans, et un instituteur à diriger provisoirement une école mixte, à condition qu'il lui soit adjoint une maîtresse de couture (brevetée ou non).

Une tolérance depuis longtemps acquise permet à un homme de professer des cours dans une institution de jeunes filles (plus convenablement en présence de la maîtresse).

Incompatibilités.

— L'interdiction des emplois administratifs ou commerciaux et des fonctions à l'église ne concerne pas l'instituteur libre. — Même s'il existe une librairie dans la localité, il peut, sans être patentable, fournir à ses élèves, dans l'intérieur de l'école, les livres et objets de papeterie dont ils ont besoin (C. d'Et. 20 juil. 64; Cass. 2 mars 64); mais il ne devrait pas vendre à l'extérieur, du moins les objets que vendent les marchands de la localité.

L'état sanitaire des maîtres et des personnes de leur maison pourrait être incompatible avec l'exercice de leurs fonctions si la nature de leurs affections constituait un réel danger pour les élèves. Cependant une opposition basée sur la santé d'une déclarante n'a pas été maintenue par le Conseil supérieur (12 janvier 1900).

Un Directeur ou un adjoint d'externat peut loger où il veut. Aucune disposition légale ne l'empêche de loger chez le curé, au presbytère.

Pour un pensionnat le Conseil départemental fixe le

---

(1) La prétention de quelques inspecteurs est contraire, mais trois Circ. supposent notre interprétation (V. Bull. Soc. d'Educ., déc. 01, p. 665).

personnel (non marié) nécessaire à la surveillance et qui doit par conséquent résider dans l'établissement. Un instituteur marié ne peut se charger seul de la surveillance (C. S. juil. 08).

Un même instituteur ne peut guère être titulaire de deux écoles simultanément. Il pourrait cependant diriger, par exemple, un cours d'adultes, à une autre heure et dans un autre local que son école.

Un instituteur public peut donner des leçons dans une école libre, mais il ne saurait en devenir titulaire qu'en faisant sa démission en même temps que sa déclaration. Aucune loi ne s'oppose à ce qu'il continue ses fonctions jusqu'à ce que sa démission soit acceptée et le délai légal expiré.

Un professeur de matières accessoires (langues, musique, dessin, etc.) peut enseigner en plusieurs écoles.

Quant à l'adjoint, en droit, rien ne l'empêche d'être inscrit comme tel en plusieurs maisons ; en pratique, il serait ordinairement difficile de concevoir une organisation qui lui permît d'être vraiment *chargé d'une classe* en deux maisons différentes ; mais rien n'empêche un adjoint ou même un directeur de donner hors de sa classe ou de son école, des leçons accidentelles ou régulières, compatibles avec sa fonction principale.

Autorités administratives. — Le Directeur d'une école libre, quoique ne relevant légalement d'aucun fonctionnaire, est cependant en relation avec diverses autorités préposées à l'inspection (v. p. 53).

Au point de vue disciplinaire, il est justiciable du *Conseil départemental* et du *Conseil supérieur* de l'Instruction publique (v. p. 68).

Le Conseil départemental comprend : 1° le Préfet, président ; 2° l'Inspecteur d'Académie, vice-président ; 3° quatre Conseillers généraux élus par leurs collègues ; 4° le Directeur et la Directrice des écoles normales ; 5° deux Institutrices et deux Istituteurs publics ; 6° deux Inspecteurs primaires.

Pour les affaires contentieuses et disciplinaires intéressant l'enseignement libre, deux membres de l'enseignement libre, hommes ou femmes, l'un laïque, l'autre congréganiste, élus par leurs collègues respectifs, sont adjoints au Conseil départemental. — Tous les trois ans, les instituteurs libres, selon qu'ils sont congréganistes ou laïques, reçoivent des instructions les invitant à élire l'un ou l'autre de ces deux membres. — Quand il ne reste aucune école congréganiste dans le département, l'enseignement libre n'a plus qu'un seul représentant.

Le Conseil supérieur, présidé par le ministre, est composé des membres les plus éminents des trois ordres de l'enseignement, les uns nommés par le ministre, les autres élus par leurs collègues. Il ne siége en assemblée générale ordinaire que deux fois par an, en juillet et en décembre ; entre les sessions, une section permanente s'occupe de certaines affaires, mais ne juge pas.

Le *Conseil académique*, qui assiste le Recteur de chaque Académie, ne s'occupe pas de l'enseignement primaire.

Lorsqu'une autorité scolaire commet un excès de pouvoir, l'intéressé peut demander au Ministre s'il entend couvrir son subordonné. Il sera délivré récépissé de la réclamation et la décision devra être notifiée sous 4 mois, faute de quoi le réclamant pourra se pourvoir en Conseil d'Etat (Décr. 2 nov. 64).

Autorités religieuses. — Les instituteurs chrétiens reçoivent leur direction de l'Eglise. Aucune école ne peut se dire chrétienne si elle n'est établie ou agréée par l'Eglise et soumise à son contrôle. L'Evêque est donc le premier chef du personnel enseignant tant laïque que congréganiste, et les maîtres ont à recevoir la visite et les instructions des délégués qu'il charge de les régir. Peu importe, à ce point de vue, qu'une école soit fondée et entretenue par le curé, par une Association, par un seul propriétaire ou par l'instituteur lui-même (1).

Le curé de la paroisse a toujours le droit et le devoir de visiter l'école chétienne et de veiller sur l'enseigne-

---

(1) « Aucune œuvre ne peut se déclarer catholique si elle n'a des règlements approuvés par l'Evêque ». (Léon XIII). — « Il est préférable qu'une œuvre ne se fasse pas, plutôt que d'être faite en dehors de la volonté de l'Evêque. » (Pie X).

ment et sur l'éducation des élèves. Ce droit ne lui vient pas d'une délégation des fondateurs, ou du directeur dont il serait comme l'aumônier, mais du fait même qu'il est le pasteur et par suite le premier éducateur des enfants élevés dans l'école. C'est pourquoi la loi civile le lui reconnaissait sur toutes les écoles publiques avant 1882.

CHAPITRE V
Les Elèves

Age. — L'âge des enfants restait entièrement libre dans les écoles privées jusqu'au 14 février 1891, date à laquelle un décret a rendu applicables à l'enseignement libre, quant à *l'âge d'admission*, les règles fixées pour les écoles publiques par le décret organique du 18 janvier 1887.

Or cet âge d'*admission* est : 1° à l'école maternelle, 2 ans ; — 2° à la classe enfantine, 4 ans; — 3° à l'école primaire élémentaire, 6 ans. Le Règlement départemental abaisse ordinairement ce minimum à 5 ans, et alors les écoles libres en profitent comme les autres ; mais partout le minimum reste 6 ans lorsqu'il existe dans la commune et à proximité une école *maternelle publique* ou une *classe enfantine publique*. L'existence d'une *école maternelle privée* ne change rien relativement à l'âge d'entrée dans une école primaire libre, lorsque le Règlement l'a fixé à 5 ans (1).

Dans un pensionnat, les élèves internes, vu le silence de la loi et par analogie avec l'internat secondaire, sont admis avant 5 ans, aussi jeunes que possible, alors

---

(1) L'esprit de concurrence occasionne souvent des difficultés fâcheuses à cet égard. L'âge minimum de 5 ou 6 ans a été fixé sagement pour ne pas encombrer les écoles primaires d'enfants qui nuiraient au bon ordre et à l'instruction des plus âgés. Personne n'a qualité pour dispenser de cette règle même par voie d'autorisations particulières ; mais souvent l'inspecteur ferme les yeux, pour ne rien dire de plus, sur les licences de l'école publique. Il n'y a point de remède légal à cet arbitraire, mais si l'irrégularité est éclatante, les parents intéressés pourraient eux-mêmes directement mettre l'inspecteur en demeure d'avoir la même mesure pour les deux écoles. Au reste généralement en pareil cas les inspecteurs n'ont pas attaqué l'école libre, du moins quand il n'y a pas de classe maternelle ou enfantine publique car, dans ce cas, le Tribunal de Villeneuve-sur-Lot vient d'infliger 100 fr. d'amende pour admission avant six ans.

même que ce pensionnat me comprendrait pas de classe enfantine et qu'il admettrait des externes.

Dans un cours d'adultes, les élèves doivent avoir au moins 13 ans, ou bien, s'ils n'ont pas encore 13 ans, être pourvus de leur certificat d'études. (v. p. 36).

Le Conseil supérieur (18 juil. 05) a abaissé l'âge de sortie à 7 ans pour les classes enfantines et à 6 ans pour les écoles maternelles (non pourvues d'une classe enfantine) bien qu'aucune loi ne semble l'autoriser à fixer ce minimum. Pour les écoles primaires, même mixtes, l'âge reste illimité. Toutefois, dans les écoles mixtes les convenances, à défaut de la loi, imposent de ne pas garder les enfants, les garçons du moins, au-delà de 13 ans.

Remarquez 1° que les enfants de 6 à 7 ans peuvent fréquenter indifféremment la classe enfantine ou l'école primaire ; 2° que d'après l'art. 6 de l'arr. du 18 janv. 1887, qui réglemente l'enseignement public, l'entrée ou le passage d'une école ou d'une classe à l'autre se fait plus régulièrement au 1er janvier, à Pâques ou à la rentrée. Par conséquent, si un élève de l'enseignement privé atteint ses 7 ans dans l'intervalle, il peut, semble-t-il, rester dans sa classe jusqu'à la prochaine date de passage ; mais, bien entendu, il pourrait aussi être admis ou changé dans l'intervalle de ces époques.

Il va sans dire qu'en dehors des exercices scolaires on peut réunir, soit à l'école, soit à l'asile, des enfants de tout âge, et de tout sexe, élèves de l'école ou non, pour le Catéchisme, pour une petite fête, pour organiser le départ d'une procession, d'une promenade, etc.

Admission et renvoi. — L'école libre admet, refuse ou renvoie les élèves sans autre contrôle que celui de sa Direction.

Le *Règlement scolaire modèle du 18 août* 1893 exige que chaque enfant présente pour être admis à l'école publique, et que l'école conserve : 1° un *billet* d'entrée délivré par le maire (à l'école maternelle); 2° un *bulletin de naissance ;* 3° un *certificat médical* constatant le bon état sanitaire et la vaccination ou revaccination. Ces pièces ne sont point exigibles dans l'école libre. (v p. 60).

On ne saurait exiger du Maître que lui et ses élèves soient vaccinés ou revaccinés.

Mais en conscience il y a obligation de veiller sur l'état sanitaire des élèves. On doit écarter de l'école ceux qui sont affectés de maladies contagieuses ou épidémiques.

Le *Règlement modèle* officiel prescrit une éviction de 48 jours pour les enfants malades de la variole, de la scarlatine et de la diphtérie, 3 semaines pour la coqueluche, 15 jours pour la rougeole, 10 jours pour les oreillons, jusqu'à guérison pour la teigne. De plus, les objets contaminés doivent être désinfectés ou détruits, et parfois la désinfection générale s'impose. Si la contagion s'étend, il y a lieu de procéder au licenciement. Les élèves évincés ne sont réadmis que sur certificat médical attestant leur guérison (v. p. 57).

Ces prescriptions, sans être obligatoires, sont des indications utiles (1). Pour ce qui est du licenciement général, la circulaire du 13 mars 1893 le signale comme plutôt favorable à la propagation de l'épidémie.

CHAPITRE VI

Obligation Scolaire

La loi du 28 Mars 1882 oblige tout enfant de 6 à 13 ans à fréquenter une école publique ou libre, primaire ou secondaire (art. 4) de la commune ou d'un autre lieu (art. 7) ou à recevoir l'instruction dans sa famille (v. p. 77). Après 12 ans, le certificat d'études officiel dispense du temps de scolarité qui reste à passer. Les enfants étrangers ne sont pas soumis à l'obligation, excepté les Suisses.

L'instituteur n'a pas à assurer l'exécution de cette

---

(1) Toutefois, depuis le 20 février 1903, la vaccination, obligatoire pour tous, doit être pratiquée pendant la 1re, la 11e et la 21e année de la vie. Mais *c'est le Maire* (ou le bureau d'hygiène) qui est chargé d'y veiller et les familles seules sont responsables. — Le Maire peut même arrêter un *Règlement sanitaire* pour toute la Commune. On *doit* lui déclarer les cas de fièvre typhoïde, typhus, variole, varioloïde, scarlatine, rougeole, dyphtérie, choléra, dyssenterie, peste, méningite; on est *prié* de déclarer aussi tuberculose pulmonaire, coqueluche, grippe, pneumonie, érysipèle, oreillons, lèpre, etc. (Loi du 15 févr. 1902; décr. du 2 févr. 1903).

La *pelade* n'est plus officiellement contagieuse depuis l'arr. du 1er juillet 1907.

loi. Il n'intervient que pour signaler les absences des élèves que le Maire, président de la Commission scolaire, lui a désignés comme déclarés pour son école. C'est pour cela qu'il doit tenir un *Registre d'appel* (v. p. 48).

C'est à la *Commission scolaire* qu'appartient le principal rôle. Cette commission, imposée à toutes les communes, en fait n'existe presque nulle part. Le fonctionnement en est d'ailleurs très compliqué. Or, tant qu'elle ne fonctionne pas, aucune autorité, pas même un de ses membres pris isolément, pas même l'Inspecteur, n'a qualité pour faire exécuter la loi sur l'obligation.

Pour le cas où l'administration prétendrait l'imposer, voici quelques renseignements propres à contrôler la légalité de ses agissements.

Pour qu'une Commission scolaire existe légalement, il faut que le Préfet invite le Conseil municipal à la choisir et que celui-ci nomme des commissaires en nombre égal au tiers de ses membres. L'Inspecteur d'académie désigne un autre Commissaire, et l'Inspecteur primaire est membre de droit. Le Maire, président de droit, dresse la liste de tous les enfants obligés d'aller à l'école; il avise, non pas simplement par affiche ou à son de caisse, mais, *individuellement et par lettre*, chaque père de famille du jour de la rentrée des classes, et, en pratique, lui envoie un modèle imprimé de réponse (1) assez tôt pour que chacun puisse, *15 jours d'avance* déclarer de vive voix ou par écrit s'il entend, soit envoyer son enfant à telle école *publique* ou à telle école *libre*, soit lui donner l'enseignement *familial* (2).

Si le père ne répond pas, le maire lui enverra une *lettre de rappel*, et si ce rappel reste encore sans réponse, l'enfant pourra être inscrit d'office sur la liste de l'école publique ; le maire adressera la liste de chaque école à

---

(1) Voici un modèle de déclaration de scolarité: *Le soussigné, en conformité de l'art. 7 de la loi du 28 Mars 1882, déclare à M. le Maire que le jeune N... né à... le.... recevra l'instruction à l'école privée de M..... (ou bien dans sa famille). Fait à ... le... (Signature).*

(2) L'inscription au registre d'une école, publique ou libre, dûment communiquée à la Commission scolaire, peut suppléer cette déclaration (Circ. 7 Septembre 1882. La liste ainsi communiquée n'a pas à renseigner sur la demeure des parents, leur profession, etc. Le nom des enfants suffit, avec leur âge ou, pour être plus précis, la date de naissance ; il serait indiscret de fournir d'autres renseignements sur les familles.

l'instituteur et à l'inspecteur et enverra au père avis de l'inscription de son enfant (1).

Quand le premier mois d'école sera terminé, l'instituteur enverra une copie du registre des absences à l'Inspecteur, et une autre à la Commission scolaire.

Cette Commission tient séance tous les 3 mois. Le père de chaque enfant noté comme absent plus de 4 jours est appelé devant elle 3 jours d'avance. Il peut s'expliquer par lettre, et demander que son affaire soit *remise* à une autre séance.

Si ses explications ne paraissent pas satisfaisantes à *la moitié plus un* des Commissaires, on lui donnera un *avertissement*. S'il ne comparait point, *l'avertissement* lui sera notifié par lettre. Dans le délai de *10 jours* il pourra *faire appel* sans frais devant le Conseil départemental, par simple lettre adressée au Préfet.

Après *l'avertissement*, ou, s'il y a appel, après la décision du Conseil départemental, il devra s'écouler *au moins 30 jours* avant que de nouvelles absences puissent faire citer le père comme *récidiviste*. Cette fois la peine pourra être *l'affichage* de la faute pendant 15 jours ou un mois. Le père pourra encore faire appel, toujours sans frais.

Ce n'est qu'au bout d'un nouveau mois après l'affichage ou après la décision d'appel, que la Commission, s'il y a nouvelle récidive, pourra dénoncer le père, cette fois au juge de paix, qui pourra, pour 4 absences, le condamner à *5 jours de prison* (art. 7).

Mais alors on pourra recourir au tribunal de l'arrondissement, puis à la cour de Cassation (2).

---

(1) Les parents peuvent toujours, à toute époque de l'année, changer leur enfant d'école ou lui faire donner l'enseignement familial, même lorsqu'il est inscrit d'office à l'école publique ; il leur suffit de déclarer leur volonté au Maire, ou simplement de le faire inscrire sur le registre d'une autre école. — Une école publique est obligée de recevoir un enfant d'âge scolaire qu'on lui propose, (v. p. 28) même s'il n'est pas de la commune, à moins qu'elle ne compte déjà le nombre maximum d'élèves autorisé par les règlements (art. 7).

(2) Un projet de loi déposé par M. Briand en 1907 remplacerait les Commissions scolaires par l'Inspecteur primaire seul qui pour 6 absences en un mois saisirait directement le juge de paix.

CHAPITRE VII

Ouverture. — Changements

C'est le futur titulaire qui doit remplir les formalités exigées; mais le dépôt des pièces peut se faire en son nom par un fondé de pouvoirs.

Pièces. — Le postulant doit d'abord se préoccuper de réunir les pièces suivantes :

1° *Acte de naissance* copie textuelle ou extrait (sur timbre, légalisé) (1).

2° *Diplôme* (brevet ou pièce équivalente, v. p. 17).

3° *Extrait du Casier judiciaire* (2).

4° L'indication des *lieux* où il a résidé et des *professions* qu'il a exercées depuis 10 ans, sans lacune. Cette pièce, appelée *Etats de service* ou *Curriculum vitæ*, est à rédiger sur papier libre; la formule en est facultative (3).

5° Le *plan du local* (de ce qui est affecté à *l'école* proprement dite (classes, cours, cabinets, etc.), sans qu'il soit nécessaire d'y comprendre le logement des maîtres, les jardins, etc.) — Il suffit d'un dessin au trait, avec indication des mesures (longueur, largeur et hauteur) des appartements et leur affectation; superficie des cours, place des ouvertures, des privés, de l'eau, etc. — Le visa du Maire n'est pas exigible pour un externat.

---

(1) La loi du 30 nov. 1906 établit deux sortes d'extraits du registre des naissances : 1° la *Copie textuelle* ; 2° l'*Extrait* abrégé indiquant sans autres renseignements, la date et le lieu de naissance, le sexe, les noms et prénoms. Cet extrait suffit (sur timbre) pour les examens, les déclarations d'écoles, etc. (Circ. du 11 mai 1907). La copie textuelle ne peut être obtenue que par l'intéressé ou ses ascendants ; l'extrait est délivré à tout requérant, soit à la mairie, soit au greffe du Tribunal du lieu de naissance.

(2) Le Ministre, en 1887, a engagé les Inspecteurs d'académie à épargner les démarches nécessaires pour se le procurer au postulant qui avancera les frais; mais celui-ci fera souvent mieux de demander lui-même cette pièce au greffier du tribunal de l'arrondissement où il est né, en indiquant exactement ses prénoms et nom selon son acte de naissance, avec le lieu et la date de la naissance ; frais : 1 fr. 25, plus le timbre-poste (0 fr. 05 ou 0 fr. 10) pour réponse, s'il y a lieu.

(3) Exemple de formule : ETATS DE SERVICE DE M. N..... *Le soussigné déclare avoir résidé :* 1° *de* mai 1896 à juin 1899 à B........, *exerçant les fonctions de*........ ; 2° *de* 1899 à 1902 à M......, *sans profession, etc. Fait à*........ *le*................ *(Signature).*

Ces cinq pièces ne seront utilisées que le jour où le dossier sera présenté à l'Inspecteur d'Académie (1).

Déclarations. — Le postulant doit auparavant:
A. — *Déclarer* son intention au Maire de la Commune où il veut s'établir.—Cette déclaration peut se faire verbalement; le Maire doit immédiatement l'établir, en donner récépissé, l'afficher (2) et en délivrer 3 copies au postulant. — Il est prescrit au Maire de tenir un registre des déclarations que le déclarant doit signer, mais ce n'est pas au déclarant à le lui rappeler.

Pratiquement il vaut mieux rédiger soi-même sa formule en quatre expéditions. Le Maire gardera la 1re copie et rendra les trois autres certifiées conformes, signées et munies de son cachet, en y joignant son récépissé, à moins que la formule elle-même ne le comprenne, ce qui allège le dossier d'une pièce (3). En faisant présenter ainsi ces formules toutes prêtes, signées d'avance, on pourra se dispenser de comparaître en

---

(1) Le postulant appartenant à une congrégation reconnue, devait indiquer dans la formule de sa déclaration qu'il appartenait à telle Association reconnue par décret en date du......, et produire un exemplaire des Statuts, à moins que l'Inspecteur ne les eût déjà.

L'art. 158 du décret du 18 janvier 1887 demande (sans droit) que le déclarant fournisse aussi *les pièces destinées à établir qu'il est Français*. En fait ces pièces ne sont demandées que rarement, l'acte de naissance ou le casier d'une personne née en France étant regardé comme suffisant. Il l'est certainement s'il y est fait mention de la qualité de Français des parents, ou d'une situation qui suppose cette qualité, par exemple si le père y est mentionné comme fonctionnaire. A défaut de cette mention, la nationalité est prouvée: 1° par une carte d'électeur du déclarant ou de son père; 2° ou par l'acte de naissance ou de mariage de son père; 3° ou par un décret de naturalisation; 4° ou par un certificat du maire. Cette dernière preuve est la plus usitée.

(2) Il n'y a pas à se préoccuper si l'affichage est fait et maintenu ou non pendant un mois; c'est l'affaire du Maire, lequel dans les 8 jours fait savoir par écrit au Préfet, à l'Inspecteur d'Académie et au déclarant s'il s'oppose ou non à l'ouverture de l'école.

(3) Formule de déclaration : *Le soussigné* (nom, prénoms, qualité du déclarant et domicile choisi pendant le délai légal) *né à ..... le ..... déclare à Monsieur le Maire de la Commune de ...., son intention d'ouvrir, après l'expiration du délai légal, une école privée primaire élémentaire, pour les garçons* (ou *les filles* ou les *deux sexes*, ou *maternelle, ou primaire supérieure*, ou *primaire avec pensionnat*) *dans un local situé en cette commune* (désigner la situation, rue, numéro ou autres indications, par exemple *près de l'église*, ou bien *précédemment occupé par...*

On peut ici, mais sans que ce soit nécessaire, ajouter une formule suppléant le récépissé, par exemple : *Le Maire de son côté, reconnaît avoir reçu la déclaration ci-dessus*.

Fait à .... le ..... (Signatures du déclarant et du Maire). Sur les copies, on ajoute : *Pour copie conforme*, (Signature du Maire avec cachet).

personne. Cependant, à la rigueur, le Maire pourrait exiger la comparution, ou du moins une procuration en règle.

Le Maire ne peut exiger la production d'aucune pièce. Une circulaire du 11 février 1903 exprime seulement *le désir* que le déclarant, dans son propre intérêt, lui exhibe le plan du local (1).

B. — *Présenter* ou *envoyer la 2ᵉ copie* de la déclaration au Procureur de l'arrondissement où se trouve l'école. Il devra en délivrer récépissé immédiatement.

C. — *Présenter* ou *envoyer la 3ᵉ copie* au Préfet, qui délivrera aussi récépissé.

Pour cette 3ᵉ copie, comme pour la précédente, on évitera les délais des correspondances par la poste (gratuites d'ailleurs, v. p. 94) en présentant soi-même ou en faisant présenter la copie par un mandataire auquel le récépissé doit être délivré séance tenante.

D. — Le postulant, muni des 5 premières pièces, et de la 4ᵉ copie, envoie, ou mieux présente lui-même ou fait présenter tout ce dossier à l'Inspecteur d'Académie qui doit en délivrer immédiatement un récépissé *détaillé* (2). Ce récépissé doit non seulement porter la date de sa délivrance, mais constater la date de la remise réelle des pièces.

C'est en effet du jour du dépôt de *toutes* ces pièces à l'Ins-

---

(1) S'il arrive qu'un Maire refuse une déclaration, on la lui signifie par huissier, et l'on fait les deux autres déclarations directement au Préfet et au Procureur ou simplement on présente la déclaration au Maire en présence de témoins qui signent en quatre exemplaires procès-verbal de la déclaration et du refus. Ces 4 exemplaires, légalisés ou non, tiendront lieu des copies certifiées conformes.

(2) Si l'inspecteur d'Académie refusait de délivrer récépissé d'un dossier vraiment complet, on lui ferait offrir le dépôt de ce dossier par un huissier. On pourrait même se contenter de faire le dépôt au bureau de l'Académie, ou à la poste sous pli recommandé, en présence de témoins qui en signeraient procès-verbal, ou qui en témoigneraient verbalement si le dépôt était nié.

On agirait de même à l'égard d'un procureur ou d'un préfet qui refuserait son récépissé. Ces magistrats *doivent* le récépissé *immédiat* dès lors qu'on leur présente bien régulières les seules pièces dues à chacun d'eux. Ils ne peuvent le refuser sous prétexte qu'il y a un empêchement quelconque à l'ouverture; ils peuvent seulement, *après l'avoir délivré*, former ou provoquer une opposition (v. p. 37). Leur refus n'allonge point les délais impartis pour faire opposition (Cons. sup., 21 juillet 1905 et 21 déc. 1907, etc.)

pection d'Académie (1), constaté par le récépissé de l'Inspection, ou par tout autre témoignage certain, *et non du jour de la déclaration au Maire*, que court le délai d'un mois avant l'expiration duquel l'école ne peut s'ouvrir.

Délai. — Pendant le mois de délai, le local est généralement visité par le Maire, par un Inspecteur primaire et par le Conseil d'hygiène. C'est surtout de cette visite que dépendra l'opposition ou la non-opposition.

Le déclarant peut à volonté demeurer dans le local et y attendre la visite, ou bien résider ailleurs ; en tout cas une personne doit se trouver prête à introduire à toute heure convenable les visiteurs qualifiés qui se présentent.

La commission d'hygiéne n'a pas à fixer le nombre des enfants à recevoir en chaque classe ; elle a à dire purement et simplement si le local est sain et aménagé de façon à ne pas nuire à l'hygiène.

Au bout d'un mois exactement (par exemple le 14 mars au soir lorsque le dépôt à l'Académie a été fait le 15 février, ou bien le 30 septembre quand le dépôt est du 31 août (C. S. déc. 08), si aucun acte d'opposition n'est parvenu au titulaire (au domicile indiqué dans sa déclaration) l'école est ouverte de plein droit, sans qu'il y ait à attendre une *autorisation* qui ne viendra pas ; car aucune autorité n'est apte à la donner puisqu'elle résulte de la loi (2).

Aucune autorité ne peut non plus abréger le délai.

---

(1) Quelques Inspecteurs d'Académie demandent que le dossier comprenne les récépissés du Maire, du Procureur et du Préfet. Cette exigence n'est basée sur aucune disposition légale, et elle occasionne des retards préjudiciables. Les 3 récépissés sont délivrés au déclarant pour qu'il puisse prouver l'accomplissement des formalités, mais il n'est dit nulle part qu'ils doivent être au dossier, et le déclarant pourrait s'en passer s'il avait d'autres preuves de son dépôt, v. g. des témoins ou un reçu de la poste. — Le titulaire n'a pas non plus à déclarer les noms ni même le nombre de ses futurs adjoints ou employés ni par conséquent à envoyer leur dossier. Il aura seulement à les inscrire sur le *Registre du personnel* le jour de l'entrée en fonction (v. p. 45).

Depuis 1902, des inspecteurs ou des préfets ont exigé que les anciens religieux fournissent des preuves, variables d'ailleurs, de leur sécularisation. A quelques personnes laïques, qui n'ont jamais pensé à la vie religieuse, on a même demandé une pièce provenant de l'Evêque ou signée de lui, attestant qu'elles n'ont jamais vécu en religion. Ces exigences sont absolument abusives et il n'y a pas à y déférer. (C. S. juil. 03).

(2) Souvent les pièces du dossier sont retenues plusieurs moi. dans les bureaux académiques. Il n'y a pas lieu de s'en inquiéter

Formalités particulières à certaines écoles. — Les formalités sont exactement les mêmes pour une école *maternelle*, pour une école *supérieure*, une école *d'apprentissage*, un *Cours d'adultes* indépendant, que pour une école ordinaire. — Une *classe enfantine* n'étant pas une *école* indépendante, mais une *annexe*, soit d'une école primaire, soit d'une école maternelle, pour l'ouvrir ou plutôt pour *l'annexer* il n'y a qu'à *en informer* par lettre l'Inspecteur d'académie : on peut ouvrir immédiatement après avoir donné avis, sans attendre la réponse. — Même procédure pour annexer un *Cours complémentaire* (v. p. 8 et 17).

Pour *annexer* à une école un *Cours d'adultes* aucune formalité n'est requise (T. Lorient, 19 avril 09) ; car dans ce cas le *Cours* est la même école primaire ouverte à des élèves plus âgés et à des heures et jours plus commodes ; or, une école primaire une fois ouverte peut recevoir des élèves de tout âge à partir de 6 ans (C. S.) ; les classes peuvent aussi bien se faire le soir que pendant le jour, aussi bien le dimanche qu'en semaine, et l'on est libre de varier les heures et jours de classe pour les différentes catégories d'élèves. — Même pour un Cours d'adultes indépendant, le Conseil départemental peut dispenser de formalités (L. O. art. 8).

Pensionnat. — Pour un pensionnat le plan des locaux doit être certifié exact par le Maire, et indiquer la destination et les dimensions de chaque pièce (longueur, largeur, hauteur).

Les dortoirs doivent être éclairés et surveillés la nuit, et contenir 15 mètres cubes d'air par pensionnaire (sans compter les surveillants).

Une pièce spéciale doit être affectée au réfectoire. Le C. S. exige qu'une infirmerie ou chambre d'isolement soit convenablement isolée des autres services (1) ; que des lavabos et des privés intérieurs soient aménagés (2), facilement accessibles

____

(1) Cette pièce, quand il n'y aura aucun malade, pourra être utilisée comme chambre particulière.

(2) Il suffit d'une cuvette mobile, sous un siège fixe, dans une cabine convenablement aérée.

de tous les dortoirs (C. S. 21 juil. 05 et 21 déc. 07).

On peut déclarer un pensionnat, soit en même temps que l'école, soit après (1). Dans le premier cas il suffit, dans la formule ordinaire de déclaration, d'ajouter, à la désignation de la nature de l'école, les mots *avec pensionnat*; dans le second cas, on a à produire les pièces déjà fournies pour l'ouverture de l'école, et l'on est soumis à l'affichage, au mois d'attente, etc .. (ce qui n'empêche pas l'école externe de suivre son cours).

Le pensionnat s'ouvre aussi au bout d'un mois ; le Conseil départemental détermine et fait inscrire sur le plan le nombre des internes à admettre (2) et le nombre des maîtres nécessaires à la surveillance. Ce nombre ne peut être zéro (C. S. déc. 08). Un dortoir à deux lits seulement est déclaré immoral (C. S. déc. 08), et à plus forte raison le couchage de deux élèves dans le même lit quand même les parents le demanderaient (C. S. déc. 03 et juil. 07).

Changements. — Pour les changements *dans le local* (agrandissement, partage, addition de classes ou autres pièces) il faut (de préférence en couleur) modifier le plan, en indiquant la destination et les trois dimensions de chaque pièce, puis l'envoyer à l'Inspecteur d'académie (après l'avoir fait viser et reconnaître exact par le Maire, s'il s'agit d'un pensionnat).

---

(1) Si on le déclare avec l'école, l'opposition basée sur une défectuosité n'affectant que le pensionnat pourrait empêcher l'école elle-même de s'ouvrir. Si le pensionnat est déclaré séparément, l'opposition faite au pensionnat n'atteindrait pas l'école. Quand il plane quelque doute sur l'installation spéciale du pensionnat, il est donc plus sûr de faire deux déclarations, soit le même jour, soit à quelques jours de distance. On ne produit qu'une seule fois les pièces accessoires : brevet, casier, etc.).

(2) Si, comme il arrive souvent, le Conseil départemental faisait attendre la fixation du nombre des pensionnaires, on pourrait en admettre provisoirement un nombre évidemment inférieur à celui que comporte le cube des dortoirs.

Si le nombre fixé ne semblait pas raisonnable, on pourrait en appeler au Conseil supérieur.

On peut *immédiatement* utiliser la classe annexée ou modifiée, sans attendre aucune réponse. Cependant, pour un agrandissement de dortoir, le Conseil départemental aurait à modifier ses indications précédentes selon le nouveau cube d'air.

Il n'y a pas à aviser l'Inspection de l'abandon d'une pièce comprise dans le plan, ou d'une modification qui n'affecte pas le plan, par exemple si la 1re classe est transférée dans la pièce occupée par la 3e classe, etc.

On peut transformer une école maternelle en classe enfantine si le local fait corps avec l'école primaire ; il suffit que les deux directrices en préviennent conjointement l'Inspecteur d'Académie. La directrice de l'école annexée devient alors adjointe dans l'école subsistante. Il en serait de même pour fondre en une seule deux écoles primaires contiguës. Mais pour transformer une *classe* enfantine en *école* maternelle, il faut une déclaration d'ouverture dans toutes les formes, faite par la personne qui devient titulaire de la nouvelle école.

Si un Directeur transporte son école dans un *autre local*, il doit remplir les mêmes formalités que pour la première ouverture ; mais il peut continuer l'enseignement dans son ancien local et il n'est point obligé de déménager exactement à l'expiration du mois qui suit la nouvelle déclaration.

De même si les changements dans un local étaient tels que l'école transformée pût-être considérée comme substantiellement différente de l'école dans son état antérieur, si l'on pouvait avec justes motifs soutenir que c'est une nouvelle école, il pourrait y avoir lieu à faire une nouvelle déclaration.

Si c'est le *directeur* qui est changé, l'école ancienne *cesse d'exister* ; le nouveau titulaire est par conséquent censé en ouvrir *une autre* quoique ce soit dans le même local, et il doit remplir toutes les mêmes formalités que pour la première ouverture.

Cependant, *si l'ancien titulaire vit* encore, même s'il est malade ou absent, ou s'il a déclaré ailleurs une autre école qu'il ne dirige pas encore, il reste titulaire de l'ancienne qui peut fonctionner en son nom sans interruption, du moins tant qu'il n'abandonne pas définitivement la direction effective, et ses droits demeurent entiers jusqu'à ce que le nouveau titulaire soit entré réellement en fonction, ou que lui-même soit effectivement entré dans sa nouvelle école. Si donc la déclaration de son remplaçant n'était pas agréée, il pourrait continuer la direction (C. Rouen, 22 mai 08; Cass. 20 mai 81 et 26 nov. 04).

En cas de mort de l'ancien titulaire, d'après un avis du Comité du Contentieux du 5 juillet 1895, adopté par le Ministre, il n'est pas nécessaire d'interrompre les classes. Par tolérance et pour éviter les graves inconvénients d'une interruption, l'adjiont ou un nouveau titulaire, peut, à titre provisoire, exercer jusqu'à ce qu'aient été remplies les formalités de réouverture (ce qu'il faut faire aussitôt) ou jusqu'à ce qu'il ait été formé opposition régulière. Cependant le C. S. (déc. 08) et la Cass. paraissant en désaccord sur ce point avec l'avis précité, il sera prudent de s'entendre pour chaque cas avec l'Inspecteur d'Académie. Même en cas de fuite, d'absence imprévue ou d'emprisonnement du Directeur, les tribunaux autorisent un adjoint à continuer l'école (C. Douai, 7 mai 1906 ; Cass. 26 oct. 02 et 26 oct. 06). Quant au Directeur qui quitte subitement une école en exercice sans désigner de suppléant, il est passible de la peine de l'interdiction (C. S. juil. 08). Il en est autrement s'il la ferme en la quittant, car rien ne l'oblige à notifier la cessation de ses fonctions.

Pour les changements d'adjoints ou d'auxiliaires, il n'y a qu'à les indiquer sur le *Registre du personnel* (v. p. 45) en ayant soin que chacun soit muni des pièces exigées (v. p. 20) sans qu'il y ait à notifier le changement ou à envoyer les pièces à qui que ce soit.

CHAPITRE VIII

Opposition à l'ouverture

Qui peut faire opposition ? — Les quatre magistrats auxquels a été faite la déclaration peuvent s'opposer à l'ouverture de l'école. Le Préfet et le Procureur n'ont pas qualité pour former opposition par eux-mêmes ; ils peuvent seulement, par une plainte, provoquer l'opposition de l'Inspecteur d'Académie.

Le Maire et l'Inspecteur d'Académie ont, pour faire opposition, les mêmes règles à observer. Mais le Maire n'a que 8 jours à partir de la déclaration à lui faite (par exemple du jeudi 17 février, jour de la déclaration, au jeudi suivant 24 février inclus) pour *faire parvenir* son opposition au déclarant ; tandis que l'Inspecteur d'Académie a un mois à partir du dépôt à son bureau de toutes les pièces exigibles (par exemple du 22 février, jour du dépôt, au 21 mars inclus, quoique la déclaration au Maire soit du 17 février). Ces délais sont de telle rigueur que, dans les exemples ci-dessus, une opposition parvenant le vendredi ou le 22 au domicile indiqué par le déclarant, serait non avenue et la classe pourrait impunément s'ouvrir et rester ouverte. —

Motifs. — L'opposant ne peut invoquer d'autres motifs que ceux tirés de l'intérêt des *bonnes mœurs* ou de *l'hygiène*. Ainsi une opposition, basée sur la fictivité d'une sécularisation, sur une interposition de personne, sur un motif politique, ou sur ce que la jouissance du local est contestée, pourrait être considérée comme nulle et non avenue ; mais si elle touche de quelque côté la morale ou l'hygiène, quelque déraisonnable qu'elle soit, il faudra attendre qu'elle soit jugée.

Un seul cas permet à l'Inspecteur d'Académie de baser une opposition sur *l'ordre public*, sans que la morale ou l'hygiène soient en cause ; c'est celui d'un instituteur public *révoqué* qui voudrait ouvrir une école libre dans la commune où il exerçait. — Le Maire ne peut former opposition que pour des motifs tirés du local.

L'intérêt de l'hygiène est une expression qui prête à l'arbitraire. Nous avons énuméré (p. 11) les principaux motifs de ce chef admis ou rejetés par le Conseil supérieur. Sont seuls valables les motifs *permanents* (C. sup. déc. 06) réels et *présents*, à l'exclusion de ceux qui seraient simplement possibles (déc. 88).

L'expression *bonnes mœurs* est encore plus élastique. On a taxé d'immoralité le fait de loger des religieux expulsés, et, depuis 1898, une institutrice déclarante qui, hors des vacances, tient une garderie d'enfants de 6 à 13 ans, en attendant l'ouverture de son école, ou même reste *en communauté d'action* avec les organisateurs d'une garderie (C. S. juil. 08) est jugée immorale (1) comme faisant échec à la loi (v. p. 84), mais donner des leçons particulières n'est pas une *immoralité professionnelle*, ni un motif d'opposition (Cons. sup. juil. 05), car choisir un mode d'enseignement prévu par la loi (v. p. 5), c'est user d'un droit.

Procédure. — L'opposition est notifiée à l'intéressé *administrativement*, c'est-à-dire sans huis-

---

(1) Le même jour, le C. S. jugeant disciplinairement Mlle B..., institutrice non déclarante poursuivie pour avoir aidé au fonctionnement d'une garderie, l'acquitte et déclare qu'elle n'a violé aucune loi, ni porté atteinte à la moralité professionnelle. — Comprenne qui pourra !

sier, ordinairement par une lettre recommandée, ou par un employé qui réclame récépissé.

L'opposant transmet au Préfet une copie *textuelle*, sans addition ni retranchement de motifs.

Si le déclarant veut arrêter la procédure, il n'a qu'à renoncer par écrit à sa déclaration, sauf à en déposer ensuite une autre, s'il le veut (sans fournir d'autres pièces que trois copies de cette nouvelle déclaration, puisque le reste de son dossier est dans tous les bureaux).

Le Préfet nomme un rapporteur qui doit rédiger sur l'affaire un rapport écrit. Il ne peut examiner, et le Conseil lui-même ne peut retenir d'autres griefs que les motifs visés dans l'acte d'opposition.

Huit jours d'avance, l'instituteur est invité à comparaître devant le Conseil départemental, et à compulser le dossier un jour franc avant la séance. Il peut se faire assister ou représenter soit par un avocat ou un avoué, soit même par un ami sous réserve que le Préfet l'agrée.

Le Conseil peut, à la rigueur, ajourner sa décision pour étudier un point resté obscur, mais toutes ces formalités ne doivent en aucun cas reculer le jugement au-delà d'un mois, dernier délai à partir de la date de l'opposition ; si ce délai est dépassé, l'opposition devient caduque.

Le jugement étant rendu, le Préfet doit en notifier *le texte intégral* et cela (sans cependant que ce soit un cas de nullité) dans le délai de 8 jours ; il informe en même temps les intéressés, c'est-à-dire le déclarant et l'opposant, qu'ils ont 10 jours à partir de cette notification pour se pourvoir devant le C. S.

Si le Conseil départemental donne main-levée de l'opposition, l'école peut s'ouvrir immédiatement, même avant la notification administrative du jugement ; mais elle devra se fermer, s'il y a appel, aussitôt que l'appel aura été notifié, car alors, en aucun cas le déclarant en appel ne pourra tenir ouverte son école avant la décision du Conseil supérieur (1) ; mais un autre titulaire, pourrait pendant ce temps faire une autre déclaration, et ouvrir s'il n'y avait pas une nouvelle opposition.

Appel. — Si l'opposition est maintenue et que l'instituteur veuille en appeler, il remet son acte d'appel (une simple lettre) à l'inspection académique qui en donne récépissé et qui transmet le dossier au Conseil supérieur.

Celui qui a formé un appel peut toujours y renoncer tant que cet appel n'a pas été jugé. Il lui suffit d'écrire à l'Inspecteur d'Académie.

Le Conseil supérieur ne tient que deux sessions ordinaires par an, en juillet et en décembre (v. p. 26). L'affaire y est conduite à peu près comme devant le Conseil départemental.

Si le Conseil supérieur lève l'opposition, l'école alors (mais non auparavant) peut s'ouvrir définitivement, même sans attendre la notification du jugement.

— Il faut remarquer que l'opposition est toujours jugée d'après l'état de choses constaté au moment où elle a été formée, sans tenir aucun compte des améliorations promises ou même accomplies au moment des débats. Les juges n'ont pas à prescrire tels ou tels travaux comme condition pour lever l'opposition ; ils ont à dire si elle était fondée ou non, telle qu'elle a été faite.

Si donc la situation est changée de telle façon que les motifs relevés n'existent plus, l'instituteur

---

(1) Il va sans dire qu'il s'agit d'une opposition *valide*, quoique les motifs soient peut-être contestables. En présence d'une opposition évidemment *nulle* on peut ouvrir et laisser passer toute la procédure. Il est vrai qu'on court toujours risque d'une poursuite correctionnelle : mais les poursuites en pareil cas aboutissent à l'acquittement (Angers, 14 avril 1884 ; Le Puy. 9 fév. 1891 ; Tours, 26 oct. 1899 ; C. Orléans, 26 déc. 1899 ; Cf. Rouen, 21 janvier 1901 ; Cass. 7 janvier 1902 ; *contrà* T. Mamers et C. Angers, 24 fév. 1908).

aura plus vite fait de déposer une nouvelle déclaration sans attendre la décision concernant la première.

CHAPITRE IX

Les Registres scolaires

L'article 23 de l'arrêté du 18 janvier 1887 énumère ainsi les registres que doit tenir tout instituteur *public* :

1° Le registre du *personnel* ;

2° Le registre *matricule* ;

3° Le registre *d'appel* ou de présence ;

4° Le registre d'inventaire *du mobilier de l'école* ;

5° Le registre d'inventaire *du mobilier personnel* ;

6° Les registres de la *Bibliothèque* de l'école ;

7° Le registre *des pensionnaires*, pour les pensionnats.

Les règlements parlent aussi du *Cahier mensuel*, du *Cahier de roulement*, du *Cahier d'honneur*, du *Journal de classe* et du *Carnet de correspondance*.

Les Nᵒˢ 4, 5 et 6 ne concernent en aucune façon les écoles libres (1).

Disons donc seulement un mot de chacun des autres registres (2).

---

(1) Cependant là où l'école possède un mobilier quelconque, le bon ordre exige qu'il y ait un inventaire en règle ; mais c'est affaire à traiter entre les bienfaiteurs et la personne qui tient la maison.

(2) Chaque instituteur peut lui-même confectionner, régler en colonnes tous ces registres et les tenir selon la méthode qui lui paraît la meilleure ; mais on trouve des modèles tout préparés avec réglure et impression chez les libraires, et notamment à la maison Bienaimé, 45, rue Marchande, au Mans. — Prix : Registre du personnel, 0 fr. 30, franco, 0 fr. 35. — Registre matricule, 0 fr. 75. — Registre d'Appel, pour 50 élèves, 0 fr. 50 ; pour 100 élèves et au-dessus, 0 fr. 75. — On vend aussi des extraits du registre d'appel (pour envoyer chaque mois au Maire) 2 fr. le cent.

Registre du personnel. — « Dans tout éta-
« blissement d'enseignement privé, de quelque
« ordre qu'il soit, relevant ou non d'une association
« ou d'une congrégation, il doit être ouvert un re-
« gistre spécial destiné à recevoir les noms, pré-
« noms, nationalité, date et lieu de naissance des
« maîtres et employés, l'indication des emplois
« qu'ils occupaient précédemment et les lieux où
« ils ont résidé, ainsi que la nature et la date des
« diplômes dont ils sont pourvus.

« Le registre est présenté, sans déplacement, aux
« autorités administratives, académiques ou judi-
« ciaires, sur toute réquisition de leur part. »

Ce registre « est coté par première et dernière
« et paraphé sur chaque feuille par l'inspecteur
« d'académie ou son délégué. Les inscriptions sont
« faites de suite et sans aucun blanc. » (Décret du
16 août 01).

Que chaque titulaire d'école se procure donc un
registre imprimé ou un simple cahier, y inscrive le
titre : *École libre de N... à X... Registre du personnel*, — et l'envoie (en franchise) avant tout usage,
quelques jours avant l'ouverture de l'école, à l'inspecteur primaire qui le lui retournera coté et paraphé. On pourra le régler, avant ou après cet envoi,
en tableaux comprenant autant de colonnes qu'il y
a de renseignements à inscrire ; on inscrira les renseignements demandés pour chaque personne, en
ayant soin dans la suite de tenir ces inscriptions
à jour, à mesure que se feront les mutations.

Il faut inscrire sur ce registre tous les *employés*
de l'école. La qualité d'*employés* ne s'étend pas aux
personnes chargées du service domestique, mais
seulement à celles qui concourent réellement à l'enseignement, à l'éducation ou à la surveillance des
élèves. On inscrit donc d'abord le Directeur, puis
les adjoints chargés de classe, et de plus les auxiliaires, surveillants, maîtres de travail manuel ou

d'arts accessoires, etc., bien que non diplômés, qui donnent des leçons régulièrement.

Les maîtres qui enseignent dans plusieurs écoles doivent figurer sur le registre de chacune de ces écoles. Il faut aussi y porter tout suppléant qui enseigne pendant plusieurs jours ; mais il n'y aurait pas lieu d'inscrire celui qui ne donnerait qu'une ou deux conférences ou leçons accidentelles.

A la colonne des *résidences et emplois précédents* le décret ne précisant rien, on pourrait se contenter d'inscrire la dernière résidence et la situation qu'on y occupait. On satisfera toujours amplement à la loi en indiquant les résidences et emplois depuis 10 ans (1).

Le titulaire, lorsqu'il ajoute ou change un adjoint ou employé, n'a d'ailleurs aucune autre formalité à remplir que de consigner cette modification sur son registre. Il n'en doit avis à aucune autorité et n'est pas obligé, même sur demande, d'envoyer des extraits de ce registre (2), lequel reste toujours à l'école pour y être présenté *sans déplacement* aux autorités *administratives* (le préfet ou ses délégués : sous-préfet, commissaire de police, maire), *académiques* (celles qui ont droit d'inspection, v. p. 53) ou *judiciaires* savoir : *a*) le juge d'instruction ; *b*) le procureur ou son substitut, ou ses

---

(1) Une circulaire du 31 mai 1902 exprime l'avis que l'on indique les résidences et emplois *depuis la majorité*. Les employés mineurs n'ont donc, d'après cet avis, aucun renseignement à donner de ce chef ; et il n'y a pas lieu d'offrir plus que le Ministre ne demande. D'autre part la loi n'exigeant le *Curriculum* des Directeurs que depuis 10 ans, on ne saurait, sans un texte législatif formel que ne peut suppléer une circulaire, être astreint à fournir plus de garanties pour les simples employés. Il suffira donc, si les adjoints ou employés ont moins de 31 ans, qu'on inscrive leurs résidences et emplois *depuis leur majorité*, et *depuis 10 ans au plus* s'ils ont plus de 31 ans d'âge. (V. Bulletin de la Société d'Education, Mai 1903, p. 435).

(2) Cependant si l'Inspecteur d'académie désire un extrait pour établir la liste des électeurs au Conseil départemental ou pour une autre cause justifiée, il serait déraisonnable de l'obliger à venir se renseigner sur place. On fera bien de lui fournir complaisamment un extrait du registre.

délégués: juge de paix, officier de gendarmerie, commissaire de police, maire.

Lorsqu'il y a changement de titulaire, comme c'est, légalement, une nouvelle école qui est ouverte, il devrait être ouvert aussi un nouveau registre. Mais pratiquement on tolère que le même soit continué. On peut alors, pour plus de clarté, arrêter les inscriptions de l'école fermée, annuler par un trait en diagonale la partie qui resterait blanche dans la page abandonnée, et commencer à la page suivante la série nouvelle des inscriptions relatives à l'école nouvelle.

Les maisons qui comprennent une *école primaire* et une *école maternelle* doivent tenir deux registres, parce qu'il y a là deux *écoles* distinctes et non pas seulement deux *classes*. Pour une *classe enfantine* il ne faut pas de registre spécial, parce que ce n'est qu'une *classe* annexe.

Registre Matricule. — Sur ce registre sont inscrits, une seule fois, tous les élèves selon l'ordre de leur entrée à l'école. La date de l'entrée est indiquée après le nom de chacun, et, dans les colonnes suivantes, on note les diverses phases de son éducation avec les observations qu'elles comportent, les succès obtenus, etc. Une colonne est réservée pour y inscrire la sortie définitive lorsqu'elle aura lieu, et, même alors, il reste un espace pour y consigner ce que devient l'élève. — C'est donc une sorte de *casier scolaire* qui permettra plus tard de retrouver beaucoup de renseignements utiles sur l'éducation et la jeunesse de chaque personne.

Le registre matricule n'est point légalement obligatoire dans les écoles libres. Cependant nous en recommandons l'usage, car il est toujours utile de de conserver ainsi des renseignements sur les élèves.

Si une maison comprend une asile et une école primaire mieux vaut n'avoir qu'un seul registre matricule, bien qu'il y ait deux écoles distinctes ; car l'asile perdant ses élèves de vue dès l'âge de 6 ou 7 ans, un registre spécial ne remplirait guère le but proposé ; en inscrivant l'enfant dès son entrée à l'asile sur le registre unique qui le suivra jusqu'à la fin de ses études et même au-delà, le but sera parfaitement atteint.

Registre d'Appel. — Les registres *d'appel* ou de *présence* sont obligatoires dans les écoles primaires libres comme dans les écoles publiques. Il en faut un pour chaque classe et c'est le maître de chaque classe qui le tient et le signe.

Le Directeur adresse, à la fin de chaque mois, au Maire et à l'Inspecteur primaire, un extrait du ou des registres, avec l'indication du nombre et des motifs de chaque absence. Cependant la tenue du registre d'Appel et l'envoi des extraits ne sont exigibles que si le Maire, le premier, a envoyé à l'instituteur la liste complète des enfants de 6 à 13 ans que les familles ont déclaré devoir suivre son école (v. p. 30).

Mais comme l'usage a prévalu de s'en rapporter à l'état dressé par les instituteurs libres ou publics eux-mêmes, et qu'il n'y aurait rien à gagner en exigeant l'accomplissement préalable de toutes les formalités gênantes prescrites par l'art. 10 de la loi de 1882 (v. p. 29), mieux vaut s'exécuter spontanément, c'est-à-dire inscrire soi-même les enfants que leurs parents présentent, et tenir régulièrement note des absences. — L'envoi des extraits est presque partout tombée en désuétude.

Dans une première colonne du registre d'Appel, on inscrit selon un ordre quelconque, de préférence par ordre alphabétique, le prénom et le nom de chaque élève. Une colonne est à la suite ménagée pour chaque jour, ordinairement pour une durée d'un mois, en vue d'y marquer les absences. L'absence du matin se marque par un trait horizontal —; celle du soir par un trait vertical | ; de manière que l'absence d'une journée entière se trouve figurée par +. On peut aussi, mais sans y être astreint par la loi, noter les simples retards par un demi trait ou un point, de manière que, pour une journée, on obtient par exemple ⊣ si l'enfant, en retard seulement le matin, s'est absenté le soir, ou ⊥ si c'est le contraire, ou ⌐ s'il y a eu simple retard le matin et le soir, - ou | s'il n'y a eu qu'un seul retard et pas d'absence. Une large colonne est réservée aux observations.

Le but originel de la tenue du registre d'Appel, comme de l'envoi des absences, est de permettre à la Commission scolaire et à l'Inspecteur de remplir leur mandat de surveillance sur l'exécution de l'obligation scolaire. Cet état peut donc ne comprendre que les enfants obligés à fréquenter l'école, c'est-à-dire seulement ceux de 6 à 13 ans non pourvus du certificat d'études. Et par conséquent les écoles maternelles et les classes enfantines n'auraient pas de registre à tenir, obligatoirement, si elles ne comprenaient pas d'enfants au-dessus de 6 ans. — Mais nous conseillons de tenir, même pour les plus jeunes et aussi pour ceux qui dépassent 13 ans, un registre exact et complet (1).

Registres des pensionnaires. — « Tout instituteur qui reçoit des pensionnaires doit tenir un registre sur lequel il inscrit les *noms* — *prénoms* — *lieu* et *date* de *naissance* de ses élèves pensionnaires, — la date de leur *entrée* — et celle de leur *sortie*. »

---

(1) L'Inspecteur d'académie demande ordinairement chaque année, en vue des statistiques à établir, le chiffre des présences et des absences à telles dates déterminées de l'hiver et de l'été. Il ne serait pas raisonnable de refuser ce renseignement inoffensif.

« Chaque année il transmet, avant le 1er novembre, à l'Inspecteur d'Académie, un *Rapport* sur la situation et le personnel de son établissement. » (Décret du 18 janv. 87, art. 175).

Il y a donc obligation grave d'ouvrir (sans le faire coter) un registre à 6 colonnes pour inscrire les pensionnaires à mesure qu'ils entrent, avec les mentions réclamées pour les 5 premières colonnes ; la 6e est remplie à la sortie de chaque pensionnaire. — Ce registre doit être communiqué, sans déplacement, aux autorités qui ont le droit d'inspecter (v. p. 53). On ne pourrait en refuser communication ou extrait au Maire qui en aurait besoin pour dresser sa liste des enfants obligés à fréquenter l'école.

Quant au *Rapport* exigé chaque année, afin d'en faciliter l'ordre et l'exactitude l'Inspecteur d'académie envoie ordinairement, en temps opportun, une formule imprimée qu'il suffit de remplir et de lui retourner. On peut donc attendre ou réclamer cette formule ; en tout cas, il ne faudrait pas manquer d'envoyer le Rapport.

Registre médical. — Le décret du 29 janvier 1890 prescrit, pour les écoles maternelles publiques, ce registre destiné à recevoir les ordonnances et observations du médecin-inspecteur ; mais les écoles libres n'ont pas obligation d'en faire usage.

Cahier mensuel. — Cahier de roulement. — Cahier d'honneur. — L'art. 15 de l'arrêté du 18 janvier 1887 dispose que : « Chaque élève, à son entrée à l'école, recevra un cahier spécial qu'il devra conserver pendant toute la durée de sa scolarité. Le premier devoir de chaque mois, dans chaque ordre d'études, sera fait sur ce cahier par l'élève, en classe et sans secours étranger, de telle sorte que l'ensemble de ces devoirs permette de suivre la série des exercices et d'apprécier les progrès de l'élève d'année en année. Ce cahier mensuel restera déposé à l'école. »

Le Cahier de roulement « permet à la fois de voir si le programme est bien suivi, si les sujets de devoirs et de leçons s'enchaînent bien et, en même temps, si les différents élèves sont à peu près sinon de même force, du moins de force à suivre, chacun avec fruit, le cours fait pour tous. C'est en quelque sorte le *journal de la classe fait par la classe elle-même*, c'est le témoin des efforts du maître et de ceux des élèves, le livre où s'inscrivent en quelque sorte automatiquement, jour par jour, les résultats réels de l'application du programme, jugés, non d'après un élève choisi, mais d'après la classe tout entière. » (Circ. du 13 janv. 95).

Ces moyens d'émulation, prescrits seulement pour les écoles publiques, qui d'ailleurs semblent souvent s'en désintéresser, sont assurément recommandables, et les écoles libres feront bien de les mettre à profit.

Certains leur préfèrent le *Cahier d'honneur*, registre relié avec luxe, et sur lequel on reporte, avec la signature de leur auteur, les devoirs exceptionnellement bien faits que le Maître juge dignes de cet honneur. — Ce Cahier d'honneur, commun à tous les *génies* de l'Institution, reste à l'établissement, au parloir par exemple, pour y être feuilleté par les visiteurs capables de l'apprécier. — Aucun règlement ne prescrit la tenue d'un tel registre.

Journal. — Carnet de Correspondance.

— On imposait naguère le *Journal de classe*, registre sur lequel l'instituteur devait chaque jour inscrire d'avance la préparation de sa classe. L'obligation de ce journal a été supprimée par la circulaire du 14 octobre 1881. Mais il est bien entendu que cette circulaire ne supprime pas la *préparation* elle-même des classes ; il est toujours utile, souvent même nécessaire, que le Maître note par avance, et cela sur un registre plutôt que sur une feuille volante, les devoirs, leçons et explications qu'il se propose de donner chaque jour à chaque division.

Enfin par le *Carnet de Correspondance*, les parents mis au courant du travail, de la conduite et des progrès de leurs enfants, et obligés moralement de visiter les notes, participent à l'éducation donnée à l'école. C'est une petite comptabilité à s'imposer, non obligatoire, mais souvent fort utile.

Registres des Congrégations. — En plus des registres obligatoires dans toutes les écoles libres, la loi de 1901 prescrit aux Congrégations de consigner sur d'autres registres : 1° tous les changements survenus dans leur administration ou direction, ainsi que toutes les modifications apportées à leurs statuts ; — 2° la liste complète de leurs membres, mentionnant leur nom patronymique ainsi que le nom sous lequel ils sont désignés dans la Congrégation, leur nationalité, âge, lieu de naissance et la date de leur entrée ; — 3° un état de recettes et dépenses ; — 4° le compte financier de l'année écoulée ; — 5° l'état inventorié, dressé chaque année, de leurs biens, meubles et immeubles.

D'après une circulaire ministérielle du 16 février 1903, ces prescriptions s'imposent à chaque établissement particulier comme à la maison-mère, mais seulement aux établissements positivement *autorisés*, et non à ceux qui ont simplement fait une demande d'autorisation ou qui se trouvent en quelque autre situation non sanctionnée par un *décret* (par exemple les sœurs employées dans les écoles publiques ou les hôpitaux en vertu d'une simple convention approuvée ou non).

Les registres nécessaires peuvent être ramenés à deux : 1° L'un contenant les *changements* dans l'administration ou la direction, et la *liste du personnel* avec les mutations survenues ; 2° L'autre contenant l'état des *recettes et dépenses*, le *compte financier* et *l'inventaire* des biens.

Aucun modèle n'est imposé, aucune formule n'est indiquée, aucune méthode de comptabilité ; il est seulement prescrit que les écritures se succèdent *sans aucun blanc.* — Ces registres doivent être cotés et paraphés par le préfet ou par le sous-préfet.

Ils doivent être représentés sans déplacement sur toute réquisition du préfet, à lui-même ou à son délégué.

Nous venons d'analyser la circulaire du 16 février; mais la loi dit seulement : « La liste complète des membres de la Congrégation... doit se trouver au siège de la Congrégation. » On ne voit pas où cette circulaire prend le droit d'exiger que *chaque établissement* produise la liste de ses membres.

CHAPITRE X

L'Inspection

Droit d'entrée à l'école.— Les écoles primaires doivent, comme les écoles publiques, ouvrir leurs portes aux :

1° Inspecteurs généraux de l'Instruction publique ;

2° Recteur d'Académie ;

3° Inspecteur d'Académie du département ;

4° Inspecteur primaire de la circonscription ;

5° Conseillers départementaux délégués par leurs collègues (excepté si ces délégués sont eux-mêmes instituteurs publics);

6º Maire de la Commune où se trouve l'école;

7º Délégués cantonaux, pour les écoles qui leur sont attribuées;

8º Médecins-inspecteurs communaux ou départementaux;

9º Inspectrices primaires pour les écoles de filles, les écoles mixtes et les écoles maternelles;

10º Inspectrices pour les internats de jeunes filles;

11º Inspectrices générales des écoles maternelles.

Le nom de ces divers personnages doit paraître avant tout exercice dans le *Bulletin départemental*. Si un visiteur est personnellement inconnu de l'instituteur, il doit décliner ses noms et qualités, et fournir les preuves de sa mission (son titre de nomination).

Il faut remarquer que l'Inspecteur d'Académie peut se faire remplacer, ordinairement par le Proviseur du Lycée, et l'Inspecteur primaire par l'Inspecteur d'une circonscription voisine. Dans ce cas, les intéressés doivent en être avisés, soit par l'insertion au *Bulletin*, soit par une notification personnelle de celui qui délègue.

Le Maire peut être remplacé par un adjoint délégué par lui ou faisant par intérim les fonctions de maire.

Le Maire d'une commune voisine qui subventionne l'école et y envoie des élèves n'y a pas pour cela le droit de visite.

Le Préfet, le Sous-Préfet et les membres de la Commission scolaire, les inspecteurs du travail et ceux des enfants assistés n'ont pas entrée dans les écoles libres.

Les autorités qualifiées pour inspecter n'ont pas le droit d'introduire d'autres personnes non qualifiées pour cette mission.

Une *garderie* n'étant pas une école, l'Inspecteur n'a rien à y voir. Il n'a donc pas le droit d'y pénétrer, même sous prétexte de vérifier si l'on y donne un enseignement clandestin. C'est à la police ordinaire qu'il appartiendrait d'intervenir s'il s'y produisait des désordres de droit commun. L'Inspecteur pourrait seulement s'occuper d'une garderie qui se trouverait, en raison de sa coexistence sous le même toit, mêlée aux classes déclarées. Il aurait alors à en provoquer l'éloignement ou la séparation (mais non la cessation), comme de toute autre installation incompatible avec la bonne tenue de l'école.

Droit général des inspectants. — Le droit du visiteur qui se présente étant reconnu, son inspection doit être acceptée sous peine d'une amende de 50 à 500 francs. Cependant la porte de l'école peut être tenue fermée ; l'on n'est pas tenu de l'ouvrir si le visiteur sonne ou frappe avant le lever ou après le coucher du soleil (excepté dans les *Cours du soir*, pendant leur durée) ; mais l'inspection peut se faire en dehors des heures de classe, et même le jeudi ou le dimanche ou pendant les vacances si le personnel est là ; car la présence des élèves n'est pas nécessaire. Toutefois, le Directeur peut se réserver des heures pour les repas, les offices, etc. Il peut aussi s'absenter et même fermer sa porte sans charger personne d'ouvrir si ce n'est pas au moment ordinaire de sa classe ; et il n'est point obligé de prévenir de ses jours et heures de récréation, de congé, de vacances ou d'absence. (v. p. 6 et 23).

Si, en l'absence du Directeur, l'école est ouverte et les enfants réunis, le visiteur peut et doit être reçu par un adjoint (ou même par un simple surveillant si ce n'est pas le moment de la classe).

— Le visiteur introduit, quelle est l'étendue de sa mission ? — Il y a ici un principe général très important à établir.

Le rôle de l'Inspecteur, à l'école libre, n'est pas du tout le même qu'à l'école publique. Là, il est le premier maître, il a autorité sur l'instituteur, il peut et doit diriger son enseignement ; à l'école libre, il n'est à aucun titre le supérieur du personnel ; il n'est qu'un commissaire spécial délégué comme particulièrement compétent, pour vérifier si les lois spéciales à l'enseignement sont observées, absolument comme le commissaire de police est chargé *d'inspecter* les rues pour *faire des rapports* s'il constate des contraventions, sans avoir mission de reprendre ou de conseiller en quoi que ce soit les citoyens qui ne contreviennent point aux lois (1).

Dans les écoles privées subventionnées ou tenant lieu d'écoles publiques, l'inspection est complète, comme à l'école publique ; mais, même dans ce cas, l'inspectant n'exerce aucune action directrice sur l'école ; son rôle est seulement *d'observer*, pour éclairer la Commune, le Département ou l'Etat sur la valeur de l'enseignement qui remplace l'école publique.

L'Inspecteur, naturellement, ne sort pas de son rôle en présentant des observations sur ce qu'il constate, ni en invitant l'instituteur à se mettre en règle ; mais ces invitations doivent être le rappel d'un texte législatif formel et non l'expression de sa volonté personnelle.

On voit que si l'on appelle *inspection* la visite du fonctionnaire chargé de *surveiller* l'observation de la loi dans l'école libre, c'est par analogie et non pour identifier cette vérification avec la direction

---

(1) Ce qui montre bien que l'Inspecteur d'Académie lui-même n'a aucune autorité sur l'instituteur privé, c'est qu'il ne peut lui imposer aucune peine comme il en inflige de sa propre autorité à l'instituteur public, pas même la *réprimande*. Si le maître libre est, comme l'autre, passible par exemple de la censure, cette peine, contre lui, est prononcée par le Conseil départemental jugeant comme tribunal, sur la *plainte* de l'Inspecteur devenu *ministère public* pour la circonstance.

qu'il exerce comme chef de service sur les écoles publiques (1).

Mission de chaque inspectant. — Toutes les autorités énumérées ci-dessus n'ont pas une mission également étendue.

Nous ne parlons que pour mémoire des trois catégories d'*inspectrices*. En fait, il est rare qu'une femme exerce une mission ordinaire d'inspection. Une institutrice peut exiger que, pour l'intérieur d'un pensionnat de filles, l'inspecteur soit remplacé par des Dames spécialement déléguées à cet effet; mais il n'y a rien à gagner à cette substitution.

Ces Dames, si elles n'ont pas le titre d'*inspectrices*, ne pourraient que *visiter*, au point de vue de l'hygiène, les locaux affectés aux internes, mais elles n'*inspecteraient* rien de plus.

Si une *Inspectrice* en titre se présentait, sa mission serait la même que celle d'un inspecteur primaire.

Le *Médecin-Inspecteur*, désigné par le Préfet, n'a à s'occuper que de la santé des enfants, de la salubrité des locaux et de l'observation des règles de l'hygiène. Il ne peut exiger le nom de tous les enfants, mais seulement ceux des élèves absents pour cause de maladie, ni l'adresse de ceux-ci, leurs parents pouvant toujours appeler le médecin de leur choix.

Sur le rapport du Médecin-Inspecteur, le Maire ou le Préfet peuvent, en cas d'épidémie, prescrire des mesures exceptionnelles (loi de 1884, art. 97), mais ils doivent concilier l'exercice de ce pouvoir avec le respect de la liberté d'enseignement. Les pouvoirs du Maire ne vont pas jusqu'à ordonner la

---

(1) Au reste, l'expression législative n'a point la prétention d'être d'une précision rigoureuse. Car, par exemple, la loi de 1886 (art. 9) dit que *l'inspection* est exercée par le maire et les délégués cantonaux; mais le décret de 1887 explique que ces visiteurs, même à l'école publique, sont simplement *préposés à la surveillance* des locaux.

fermeture, même momentanée (Cass. 23 déc. 1904). Quant au Préfet, l'art. 272 de l'ar. du 18 janv. 1893, semble l'autoriser à ordonner la fermeture temporaire en cas d'épidémie, sur la proposition de l'Inspecteur d'Académie, après avis du Maire et du Conseil d'hygiène, mais l'arrêt de Cass. paraît s'appliquer même au Préfet, et l'art. 42 de la loi de 1886, qui régit les fermetures d'écoles, ne prévoit pas le cas d'épidémie. Aucun règlement *particulier* d'hygiène ne peut d'ailleurs être imposé aux écoles libres (C. d'Et. 5 mai 99 ; v. note p. 29).

Les *Délégués du Conseil départemental*, les *Maires*, les *Déléguées* et *Délégués cantonaux* ont été institués pour exercer dans l'école l'autorité de la famille, pour être les « inspecteurs de l'éducation » ; mais étant nommés par le Préfet, leur mission est seulement d'examiner l'état des locaux et du matériel, l'hygiène, la tenue, l'ordre, la ponctualité des élèves ; d'encourager les œuvres greffées sur l'école laïque. Leur inspection ne pourra jamais porter sur l'enseignement. Ils ne peuvent visiter l'intérieur d'un pensionnat, même de garçons.

Les *Inspecteurs généraux* et les *Recteurs d'Académie* n'inspectent presque jamais les écoles primaires; l'*Inspecteur d'Académie* s'y présente parfois. L'inspection de ces hauts fonctionnaires ne peut différer en rien de celle de l'inspecteur primaire.

L'Inspecteur primaire. — La loi dit simplement que « dans les écoles privées, l'inspection ne porte que sur la moralité, l'hygiène et la salubrité, ainsi que sur l'exécution des obligations imposées par la loi du 28 mars 1882 (et par les autres lois). Elle ne peut s'étendre à l'enseignement que pour vérifier s'il n'est pas contraire à la morale, à la Constitution et aux lois ».

En somme le rôle de l'Inspecteur est donc bien uniquement *de vérifier* si toutes les prescriptions légales concernant les écoles sont observées. Il n'agit que comme *envoyé* de l'inspecteur d'Académie ; il lui fait des rapports, il transmet des instructions, mais il ne prend de lui-même aucune décision

Quatre points restent hors de l'atteinte de l'Inspecteur : 1° les méthodes ; 2° les programmes ; 3° les livres (sauf ceux qui seraient interdits par le Conseil supérieur) ; 4° l'enseignement religieux (v. p. 6).

L'Inspecteur ne peut donner aucun ordre concernant ces quatre points ; il peut différer d'avis avec l'instituteur, mais l'instituteur a le droit de ne pas permettre que l'inspecteur l'attaque ou le conseille sur ce terrain.

Aucun *livre* n'est obligatoire à l'école ; ceux qui se trouvent entre les mains des élèves au passage de l'Inspecteur, soit comme classiques, soit comme livres de lecture, soit comme prix, doivent ne pas avoir été interdits par le Conseil sup. (v. p. 97) ; c'est uniquement pour s'en assurer que l'Inspecteur peut se les faire présenter. Il ne peut d'ailleurs exiger qu'on lui soumette d'avance la liste des prix à décerner, ni que les classiques soient choisis parmi les ouvrages adoptés pour les écoles publiques, ni que les élèves apportent exprès de chez eux des livres qu'on leur a donnés. S'il trouve *dans la classe* un ouvrage interdit, il peut le saisir pour l'annexer à son procès-verbal. — Il ne saurait, cela va sans dire, visiter les livres de la bibliothèque personnelle du maître, ni demander à voir son journal pédagogique.

Pour ce qui est de *l'enseignement religieux*, l'Inspecteur n'a le droit d'en apprécier ni la doctrine, ni l'étendue, ni la durée, ni la méthode. On peut dire aussi que le tricot, la couture, la broderie, le dessin, la gymnastique échappent au contrôle comme n'offrant rien qui intéresse la morale ou la politique ; il en est de même de l'écriture et du calcul, si ce n'est en raison des textes qui servent de thèmes.

La *moralité* des enfants n'intéresse l'inspection que pour ce qui concerne l'intérieur de l'école. — La surveillance doit être assurée tant en classe qu'en récréation, partout et toujours, soit par un maître, soit par un auxiliaire. Mais le maître ne saurait être inquiété pour ce qui se passe hors de l'école.

La moralité du maître, soit en classe (tenue, paroles, etc.) soit dans sa maison (personnes scandaleuses) soit au dehors, si les faits ont une certaine notoriété (ivresse, etc.) peut être relevée par l'inspecteur.

La moralité du voisinage (cabarets, maisons mal famées) intéresse aussi l'inspecteur, mais s'il relève quelque désordre, c'est à la police ou au maire qu'il devra s'adresser pour le faire cesser; l'instituteur fera même bien de lui signaler ce devoir. (Loi du 17 juil. 80, art. 9).

L'hygiène dont s'occupe l'inspecteur (comme le médecin-inspecteur) comprend la propreté des enfants et l'éloignement des élèves affectés de maladies contagieuses ou épidémiques. Le maître et sa famille, s'ils étaient affectés, attireraient aussi les observations de l'inspecteur, qui pourrait même se préoccuper des affections épidémiques entrées dans la maison (v. p. 24).

A l'hygiène se rapportent la durée excessive des classes, les punitions dans une salle trop petite, humide, non aérée, les pénitences trop dures (enfant à genoux trop longtemps, debout, monté sur un meuble, bras étendus, coups, privation absolue d'un repas, etc.).

Les conditions auxquelles doit satisfaire le local ont été discutées lors de l'ouverture de l'école (voir p. 10); l'Inspecteur n'a donc pas à y revenir. Il aurait seulement à relever les causes d'insalubrité survenues depuis, comme un dépôt d'immondices, des modifications dangereuses dans la disposition des lieux, etc.

L'Inspecteur peut vérifier si le nombre des pensionnaires à admettre dans les dortoirs n'est pas dépassé; quant au nombre d'enfants réunis dans une classe, il pourrait faire des observations, et même dresser procès-verbal si les élèves étaient entassés dans des conditions vraiment *dangereuses*, que la juridiction disciplinaire apprécierait (C. S. juil. 08). En tous cas, ce ne sont que les élèves réellement présents qu'il faut compter, et non les inscrits. Un maître ayant 80 élèves et seulement 40 places pourrait recevoir 40 enfants le matin et 40 le soir, ou bien 40 pendant une heure alors qu'un auxiliaire surveillerait ailleurs les 40 autres (à l'étude ou en récréation).

Une école maternelle libre n'a point besoin, pour recevoir plus de 150 élèves, de l'autorisation requise pour les écoles publiques.

(**Inspection sur l'exécution des lois**. — L'Inspecteur vérifie la tenue du *Registre du personnel*, du *Registre d'appel* et du *Registre des pensionnaires* s'il y a lieu, mais non le *Registre matricule*, ni les *notes* et *places* de composition des élèves, ni le *Journal des classes*, ni l'*Inventaire* (p. 44). Avec le Registre du personnel, le Directeur doit montrer une copie certifiée conforme de sa déclaration d'ouverture d'école (ou le récépissé qu'en a délivré l'Inspecteur d'Académie), le plan du local, (du moins pour les pensionnats), son casier judiciaire, son extrait d'âge, son brevet ; les adjoints ont à exhiber l'extrait d'âge et le brevet ; les auxiliaires ou employés sont simplement inscrits sur le Registre du personnel : aucune pièce les concernant n'est exigible (v. p. 19 et 44).

L'Inspecteur peut apposer son visa sur les registres qu'il examine mais **non les saisir**. — Il relèverait une illégalité flagrante si un maître n'avait pas l'âge, le sexe, la nationalité ou le diplôme requis, s'il n'était pas inscrit sur le Registre, ou si l'école n'était plus telle qu'elle a été déclarée (maternelle, élémentaire, avec ou sans classe enfantine, pensionnat, école supérieure).

L'Inspecteur ne peut rien contre l'emploi d'un auxiliaire dans les conditions expliquées ci-dessus (p. 18).

Il peut vérifier si les conditions d'âge sont observées pour les élèves (v. p. 27). Pour l'y aider, on n'a point à produire le *bulletin de naissance* de chaque enfant (v. p. 28) ; la liste que doit fournir le maire le renseigne à cet égard, et, en tous cas, s'il conteste l'affirmation de l'Instituteur et veut poursuivre, c'est à lui de produire la preuve du contraire.

Les absences doivent être marquées sur le Registre d'Appel *avec le motif* de chacune, mais c'est aux parents que la loi impose de déclarer ce motif ; s'ils ne l'ont pas fait, c'est à eux que l'Inspecteur et la Commission scolaire devront s'en prendre.

Au reste, si l'art. 11 de la loi de 1882 menace de peines sévères l'instituteur qui ne se prêterait pas à assurer l'obligation scolaire, la poursuite ne peut être exercée que sur *deux rapports* concordants de la Commission scolaire et de l'Inspecteur. Celui-ci par conséquent, ne peut rien tout seul de ce chef contre l'Instituteur.

L'inspection de l'enseignement se borne « à vérifier s'il n'est pas contraire à la morale, à la Constitution
et aux lois ». Cette vérification se fait surtout par l'examen des cahiers des élèves ; mais l'Inspecteur n'a pas
le droit de saisir un cahier ; s'il y trouve quelque chose
de mauvais, il peut copier le passage incriminé et
contresigner la page du cahier en demandant qu'on la
conserve pour la produire au besoin. D'ailleurs il ne
suffirait pas de trouver un passage mauvais pour en
rendre l'Instituteur responsable ; il faudrait prouver que
ce passage doit être attribué au maître. Même réflexion
pour une réponse répréhensible faite par un élève.

Si l'Inspecteur adressait des questions aux enfants,
ce ne pourrait être, nous l'avons vu, pour se rendre
compte de leur science, de la méthode, etc., mais
seulement pour découvrir les doctrines immorales,
inconstitutionnelles ou illégales. On voit qu'un interro-
gatoire dans ce sens est assez délicat à conduire. Aussi
les Inspecteurs prudents s'en abstiennent. Quelques-uns,
après en avoir demandé la permission au maître, posent
sur diverses matières des questions sans portée. C'est
un encouragement pour les élèves ; il faut les en remer-
cier. Mais si un visiteur quelconque se permet des
questions indiscrètes ou des observations déplacées,
le maître protestera ; il le priera de sortir si la Religion est offensée.

Le plus ordinairement les questions d'un visiteur
indiscret auront plutôt le caractère d'une enquête ;
parfois elles auront pour but évident de contrôler
les déclarations du maître, et alors elles seront au
moins indélicates ; mais nul ne saurait indiquer une
loi ou un moyen pour empêcher une impolitesse
même doublée d'indiscrétion.

L'Inspecteur ne doit poser de semblables questions que quand il est spécialement commis pour
une *enquête disciplinaire.* Alors il doit préalable-
ment exiber son mandat spécial, et il n'a pas le droit
de faire sortir le maître pour interroger ses élèves (1).

____

(1) *L'Inspecteur-Enquêteur* n'a pas les droits du juge d'instruction ni
même du policier ; sa compétence est renfermée dans les bornes des

L'inspecteur peut assister à la leçon du maître soit en le surprenant ou en écoutant à la porte, soit en restant après l'inspection pendant que la classe continue. Mais il ne peut obliger le maître à donner devant lui telle leçon. Ordinairement il se contente de dire : « Faites comme si je n'étais pas là. » Et alors le maître peut, en continuant sa classe éviter les sujets scabreux, comme l'histoire et l'instruction civique, et, sans tenir compte de l'*emploi du temps*, choisir la leçon qu'il préfère, le Catéchisme s'il veut. Il pourrait aussi faire sortir ses élèves.

Inspection libre. — Les art. 144 et 145 du D. O. interdisent l'accès des écoles publiques à toute personne étrangère à l'enseignement, sans que d'ailleurs la violation de cette défense soit passible d'aucune sanction pénale (Cass. 29 juin 08); mais l'instituteur libre fait entrer dans sa classe et rend témoin de son enseignemeut qui il veut. Il ne serait répréhensible que si les personnes ainsi admises se substituaient à lui hors de sa présence pour l'enseignement des matières du programme légal. Quelques questions adressées aux élèves par un visiteur, ou même un cours professé par un spécialiste en présence du Maître ne constituent évidemment pas cette substitution.

Ces inspections peuvent être aussi étendues que l'on veut ; bien organisées par l'autorité ecclésiastique, elles sont très avantageuses pour les écoles chrétiennes.

— Quelle conduite tenir si l'Inspecteur officiel et l'Inspecteur libre se trouvent ensemble dans une école ?

---

questions scolaires. Il peut interroger maîtres et élèves, mais pas ailleurs qu'en classe. S'il entrevoit une question qui sort des limites de son droit d'inspection, il ne peut qu'attirer sur ce point l'attention de la justice. En tout cas si un maître ou, du consentement de son parents, un enfant était interrogé ailleurs, on pourrait toujours réclamer que ce ne soit pas sans l'assistance d'un Conseil ou d'un témoin

L'inspecteur libre n'a pas à se retirer. Un instituteur timide pourrait même, précisément afin de se donner de l'assurance, appeler quelque ami pour l'assister, lorsqu'il prévoit une visite officielle, et l'inspecteur ne pourrait le trouver mauvais, car c'est un droit et cela n'empêche en rien l'accomplissement de sa mission. Par conséquent le Propriétaire ou Supérieur d'une maison, breveté ou non, peut, bien que n'étant pas le titulaire de l'école, assister à l'inspection de toutes les classes, — et cette assistance est souvent utile à plusieurs points de vue. De même, le Curé et les Bienfaiteurs sont intéressés à voir si leurs droits, à eux, ne seront point compromis.

Entre l'Inspecteur libre (ou tout autre visiteur) et l'Inspecteur officiel il y aurait une question de bons procédés à résoudre. Les interrogations du premier ne peuvent que faciliter les observations du second ; il conviendra toutefois de lui céder la parole à loisir afin qu'il puisse en toute liberté prendre tous les renseignements dont il a besoin.

Sanctions de l'Inspection. — Au cours de sa visite, l'Inspecteur prend ordinairement des notes statistiques et autres ; on ne saurait le trouver mauvais. Il adresse souvent des observations sur certains points qu'il désirerait mieux ordonnés ; on en tiendra compte autant que possible. S'il donne des conseils bénévoles, même en sortant un peu de sa compétence, on l'en remerciera sincèrement. Mais si, dépassant ses droits, il se permettait de critiquer, surtout devant les élèves, l'enseignement, les règlements, les livres, etc., ou d'humilier le Maître, celui ci aurait qualité pour le rappeler à son devoir en lui déclarant poliment qu'il ne saurait accepter son blâme ; il pourrait même, en certains cas, faire valoir ses droits à des dommages-intérêts.

Lorsque l'Inspecteur a relevé une vraie contravention, quelque grave qu'elle soit, il n'a pas le pouvoir d'infliger une peine ni surtout d'ordonner la fermeture immédiate, même momentanée, de l'école ; il a simplement à dresser procès-verbal de ce qu'il a constaté, comme le ferait un commissaire de police sur d'autres contraventions; et, sur son rapport, c'est à l'Inspecteur d'Académie qu'il appartiendra de provoquer des poursuites, soit devant le Conseil départemental, soit devant le Tribunal correctionnel, qui seuls ont qualité pour juger un instituteur libre (v. p. 66).

En cas de procès-verbal, l'inspecteur invite quelquefois l'instituteur à signer avec lui son rapport. L'instituteur n'a jamais rien à signer à l'occasion d'une visite et, en général, il serait imprudent de s'y prêter. Dans un procès-verbal peuvent être glissés des mots dont, pris à l'improviste, sans conseil, souvent dans un moment d'émotion ou de trouble, il n'apercevrait pas la portée. Cette pièce pourrait ensuite être produite contre lui, comme un témoignage irrécusable.

Que les instituteurs privés, tout en restant respectueux et complaisants pour leurs visiteurs officiels, se montrent jaloux de sauvegarder leur liberté; qu'ils ne craignent pas, en faisant reconnaître tous leurs droits, d'avoir à souffrir des représailles ; au contraire, plus ils paraîtront sûrs d'eux-mêmes, sans arrogance, et moins on sera tenté de les molester.

Au reste l'Ecole libre, ses maîtres et ses élèves ont un droit absolu à la même protection, à la même bienveillance que l'Ecole publique. Elle ne doit pas être regardée de travers comme une *concurrente ;* autrement le législateur aurait été cyniquement injuste en établissant pour la contrôler, elle la plus faible, le personnel même de sa *concurrente* qui ainsi aurait intérêt à l'anéantir.

CHAPITRE XI

Pénalités — Responsabilités

Un procès-verbal constatant des infractions aux lois scolaires peut amener l'instituteur libre, directeur, adjoint ou auxiliaire, soit devant le Tribunal correctionnel, soit devant le Conseil départemental.

Pénalités correctionnelles. — Les infractions suivantes sont de la compétence du Tribunal :

1° Ouverture d'une école par un étranger non autorisé, ou par Français non breveté ou frappé d'incapacité.

2° Emploi d'adjoints étrangers, ou non brevetés, ou frappés d'incapacité, ou n'ayant pas l'âge requis.

Dans ces divers cas, c'est le Directeur et non l'adjoint qui est punissable.

3° Ouverture d'école ou de pensionnat non précédée des formalités requises, ou avant l'expiration du délai légal.

4° Ouverture malgré opposition, ou avant mainlevée, ou, en cas d'appel, avant la décision d'appel.

5° Ouverture irrégulière d'une école mixte.

6° Ouverture des Ecoles ou Cours d'adultes sans les formalités requises, ou acceptation dans ces Cours d'élèves âgés de moins de 13 ans non pourvus du Certificat d'études ou employés dans l'industrie.

7° Ouverture d'une école supérieure sans brevet supérieur.

8° Admission d'enfants au-dessous de l'âge requis.

La peine encourue, s'il y a condamnation, sera, pour chacune de ces infractions, une amende de 100 fr. à 1000 fr; en cas de récidive, l'amende sera de 500 à 2000 fr. et il pourra y avoir emprisonnement de 6 jours à 1 mois. Mais les juges ont le pouvoir d'atténuer la peine et même de faire application de la loi de sursis.

La loi ajoute : « L'école sera fermée. » C'est

encore exclusivement au Tribunal qu'il appartient de dire si cette mesure accessoire doit être ordonnée. La Cour de Cassation a décidé qu'elle ne doit pas l'être lorsque l'état de fait incriminé a cessé d'exister au moment où est rendue la sentence. Par exemple, un directeur poursuivi pour emploi d'adjoint non bre veté sera condamné à l'amende si le fait est reconnu réel, mais son école ne pourra être fermée si, au moment du jugement, cet adjoint n'est plus dans l'école.

Un autre cas relevant du Tribunal correctionnel et donnant lieu à une amende de 50 à 500 fr. est le refus de se soumettre à la surveillance et à l'inspection. En cas de récidive, l'amende est de 100 à 1000 fr. — Ici encore le tribunal peut accorder atténuation ou sursis; mais si le refus d'inspection a donné lieu à deux condamnations dans l'année, la fermeture de l'école est toujours ordonnée.

Toute fraude ou complicité de fraude dans les *Examens* de tout ordre est passible d'une amende de 100 à 10.000 fr. et d'un emprisonnement d'un mois à 3 ans (loi du 23 déc. 01), sans préjudice de l'exclusion du candidat prononcée par la Commission d'examen ou par le Conseil départemental.

Enfin la loi du 1er juil. 01 punit d'une amende de 16 fr. à 5.000 fr. toute personne qui, appartenant *actuellement* à une Congrégation non autorisée, dirige une école soit directement, soit par personne interposée, ou y donne l'enseignement. La loi du 4 déc. 1902 étend la même peine à tous individus qui sans autorisation auront dirigé un établissement congréganiste, même d'une personne, à tous ceux qui en auront fait partie, et à ceux qui en auront fourni le local. — Même peine pour refus de communiquer les registres prescrits par les lois de 1901 et 1904 (1) ou pour communication mensongère.

---

(1) Il ne s'agit pas ici des registres scolaires dont il a été question page 44 et dont le refus serait punissable comme le refus d'inspection (50 à 500 fr. d'amende, mais des registres spéciaux prescrits aux Associations et particulièrement aux Congrégations. (v. p. 52).

Pénalités disciplinaires. — Un instituteur libre peut être traduit devant le Conseil départemental (par l'Inspecteur d'Académie, mais non par les familles) pour les infractions suivantes : 1° faute grave dans l'exercice de ses fonctions ; 2° inconduite ; 3° immoralité. — Cette énumération très vague laisse une large place à l'arbitraire.

Toujours est-il que le Conseil départemental ne peut évoquer les faits correctionnels énumérés plus haut, et qui sont de la compétence exclusive des tribunaux.

La juridiction disciplinaire a cependant émis la prétention d'évoquer des infractions quelconques lorsque la loi de 1886, elle-même, ne les soustrait pas formellement à sa compétence, et même de punir des fautes de droit commun déjà jugées par les tribunaux et reconnues par eux non prouvées ou non punissables. Il a été jugé qu'un instituteur acquitté en cour d'assises peut ensuite être appelé devant le Conseil départemental, s'il subsiste contre lui des faits, qui sans être des crimes, sont répréhensibles au point de vue professionnel. (C. sup. 1895.)

Les infractions le plus souvent portées en appel devant le Conseil supérieur et jugées condamnables ont été les suivantes : Pénitences excessives, corporelles ; paroles injurieuses adressées aux enfants ; discours ou écrits injurieux ou contraires aux lois, au Gouvernement, à l'Inspecteur, ou au Conseil départemental ; direction non effective résultant de non résidence, d'absences fréquentes, prolongées et injustifiées, manque de surveillance sur les maîtres ou sur les élèves, couchage à deux ; nombre des internes dépassé ; âge illégal des élèves ; résistance à un jugement ; déloyauté dans les examens ; mensonge ; emploi d'un religieux expulsé ; immoralités non réprimées, etc.

— Les seules peines disciplinaires que peut prononcer le Conseil départemental sont les suivantes :

1° *La censure.* Cette peine ne peut être insérée au *Bulletin départemental* comme l'est ordinairement la censure infligée aux instituteurs publics.

2° *L'interdiction d'enseigner dans la Commune.*

3° *L'interdiction dans le département.*

En ces deux cas, l'instituteur peut enseigner partout ailleurs. Mais la peine est toujours perpétuelle. L'interdiction à temps dans tel lieu serait illégale.

4° *L'interdiction à temps* (5 ans au plus) pendant laquelle l'instituteur ne peut enseigner nulle part;

5° *L'interdiction absolue*, partout et pour toujours (1).

La censure est prononcée sans débat; cependant l'instituteur est mis à même de s'expliquer *au cours de l'enquête*. Lorsqu'il s'agit de l'interdiction, l'inculpé a le droit de s'expliquer *en séance* et de prendre un défenseur, mais non de se faire représenter. L'affaire est instruite à peu près comme en matière d'opposition (v. p. 35).

L'instituteur frappé de l'interdiction peut en appeler devant le Conseil supérieur dans un délai de 20 jours. Cet appel n'est pas suspensif.

La censure est sans appel.

Lorsqu'un Directeur est interdit à temps, l'art. 41 de la loi de 1886 ne prévoit pas la fermeture de son école (qu'elle indique dans les cas prévus aux art. 40 et 42). En cette circonstance un suppléant ne saurait être condamné comme ayant rouvert l'école, puisqu'elle n'est pas fermée. (T. Château-Gontier, 17 juil. 07). — La Cass. (21 nov. 08) après le T. de Laval (29 janv. 08) n'édicte aucune peine contre le Directeur lui-même s'il continue ses fonctions.

Des poursuites disciplinaires spéciales sont prévues contre le Directeur qui ne tient pas les registres d'appel et n'en envoie pas les extraits (v. p. 48). Il est déféré au Conseil départemental sur le rapport de la Commission scolaire et de l'inspecteur. Le Conseil département pourra alors prononcer : 1° l'avertissement; 2° la Censure; 3° la suspension pour un mois, ou, en cas de récidive dans l'année scolaire, pour 3 mois.

Pour fraude dans les examens, le président de la Commission prononce l'exclusion provisoire, la Commission l'exclusion définitive de l'examen en cours; l'inspecteur d'Académie, après audition du candidat, pourra

---

(1) Contre les instituteurs publics il y a en outre la *réprimande* et la *révocation*. L'instituteur révoqué peut exercer dans les écoles libres, sauf dans la commune où il a été révoqué si l'inspecteur d'Académie fait opposition (v. p 11)

le traduire devant le Conseil départemental qui a pouvoir de l'exclure de tout examen pendant 2 ans, sans préjudice des peines correctionnelles (v. p. 66) (1).

Responsabilités civiles. — Outre les pénalités correctionnelles et disciplinaires, l'instituteur privé peut encore encourir des responsabilités civiles.

S'il corrompait moralement ses élèves, les parents pourraient exiger réparation en vertu de l'art. 1383 du C. C. et du décr. du 6 nivôse, an II. (C. Dijon. nov. 07).

L'instituteur, en prenant la garde de ses élèves, accepte de les surveiller, et par conséquent de prévenir ou d'empêcher les faits de nature à porter un préjudice dont ils pourraient se rendre les auteurs. Ainsi l'instituteur serait obligé à réparer le dommage ou les accidents causés par ses élèves. Mais sa responsabilité cesse si la surveillance a été complète et si l'accident n'a pu être prévu ni empêché (2).

Il pourrait être poursuivi en dommages-intérêts pour blessure causée à un camarade par un de ses élèves; mais ici encore, on ne peut rien exiger de lui s'il prouve que le fait n'a été d'aucune manière la conséquence d'une négligence de sa part. Ainsi un instituteur soigneux et clairvoyant ne peut-être rendu responsable de coups mortels portés par un enfant à son camarade dans un mouvement brusque et imprévu de colère; l'empêcher est au-dessus des forces humaines (C. Paris, 98).

Au reste l'instituteur n'est obligé à une surveillance active qu'aux heures de *classe* et de *récréation* ou de *promenade* sous sa conduite. Mais alors il lui appartient de se conformer aux règlements essentiels de toute école : 1° en ne laissant jamais ses élèves sans surveil-

---

(1) Une loi du 19 juil. 08, dispose qu'un instituteur interdit peut être réhabilité, après 2 ans si la peine est temporaire, après 5 ans si elle est perpétuelle, et plus tôt si son cas est l'objet d'une révision judiciaire ou d'une amnistie. (Cf. décr. 24 fév. 09).

(2) Il y a des Compagnies d'Assurances qui, moyennant une légère prime annuelle, assurent les instituteurs contre toute revendication à propos des accidents survenus à leurs élèves ou par le fait de leurs élèves, par exemple la *Mutuelle générale Française*, dont le siège est au Mans, 21, rue Chanzy. — *Assurances générale des Accidents*, 3, rue de la Barre, Lyon. — *Mutuelle du Progrès*, Cour des Gourges, Bordeaux. — *Jeune Mutuelle*, 53, rue du Four, Paris. — *La Thémise*, 101, rue de Flore, Le Mans.

lance ; 2° en exigeant que les surveillants ne se livrent à aucune conversation ou occupation pouvant les empêcher de suivre les élèves dans leurs ébats.

Il est prudent d'afficher et de porter à la connaissance des élèves et des parents un *Règlement disciplinaire* rédigé en vue de prévenir les accidents et avertissant les intéressés que l'instituteur ne répond plus que de ce qui proviendrait de sa faute personnelle (C. Toulouse, 08). Mais aucune convention ne peut décharger de ce qui est la conséquence d'une faute personnelle (T. Lille, 29 juil. 1909).

SUPPLÉMENT

CHAPITRE PREMIER

Examens et Diplômes

Certificats d'études primaires. (1) — Il y en a de deux degrés : 1° le *Certificat d'études primaires élémentaires*, institué par la loi du 28 mars 1882 ; — 2° le *Certificat d'études primaires supérieures*, institué par decret du 23 déc. 1882.

En outre, le decr. du 25 janv. 1895 établit un certificat spécial d'*études complémentaires*, et l'arr. du 9 avril 1895 le *Certificat d'études pratiques*, industrielles et commerciales.

Certificat d'études primaires élémentaires. — Ce certificat, obtenu avant 13 ans, dispense de l'obligation scolaire, et permet d'obtenir une bourse pour entrer aux écoles supérieu-

---

(1) Nous donnons ces renseignements pour les écoles libres *obligées* par les circonstances de laisser aller leurs élèves aux examens officiels ; mais les maîtres chrétiens savent quels dangers recèlent ces épreuves pour l'esprit et la saine direction de leur enseignement, — la préparation à ces examens imposant toujours plus ou moins les méthodes et les vues les plus propres à y réussir, c'est-à-dire celles de l'école neutre, et conduisant insensiblement à la mésestime de ce qui n'est point au programme.

A propos des examens de toute nature — y compris ceux d'Instruction religieuse, — il n'est pas inutile d'engager les Maîtres à ne pas abuser du *bourrage* en guise de préparation. La seule préparation convenable, si l'on veut faire produire, surtout à des examens élémentaires, le fruit que l'on en attend, c'est la préparation *éloignée*, qui consiste à bien diriger les études pendant toute l'année, sans attirer jamais, même les derniers jours, l'attention des enfants sur l'opportunité, très discutable, d'une préparation prochaine qui fait le plus grand tort à la solidité de la science.

res publiques, aux Cours complémentaires ou aux écoles pratiques. Il est délivré par l'Inspecteur d'Académie.

Le programme est celui du *Cours moyen* des écoles primaires. Les examens ont lieu dans chaque canton. Les candidats doivent avoir 12 ans révolus le 1er juillet de l'année de l'examen (11 ans pour les enfants candidats à l'inscription maritime). L. 13 janv. et cir. 10 fév. 1910. (1).

Il sont présentés soit par leurs parents, soit par les instituteurs publics ou libres, qui envoient à l'inspecteur primaire, à l'époque et dans les délais annoncés par le *Bulletin départemental*, une liste de leurs candidats visée par le Maire et portant 1e les noms et prénoms; 2º la date et le lieu de naissance; 3º la demeure de la famille; 4º la signature de chaque candidats. Nul ne peut se présenter deux fois dans la même année.

Les épreuves écrites ont lieu à huis clos et comprennent : 1º une dictée suivie de réponses écrites à des questions (5 au maximum) relatives à l'intelligence du texte (explication du sens d'un mot, d'une expression ou d'une phrase, analyse d'un ou plusieurs mots, etc.); 2º deux questions d'arithmétique; 3º une rédaction sur un sujet soit d'instruction morale et civique, soit d'histoire ou de géographie, soit de sciences élémentaires; 4º pour les garçons, soit une question d'agriculture (campagnes) soit (en ville) un dessin linéaire ou d'ornement (cette épreuve, assimilée à l'oral, ne compte que pour l'admission définitive); pour les filles un travail de couture usuelle.

Ne sont pas admis à l'oral les candidats qui ont un zéro à l'écrit ou qui ne réunissent pas 20 points (garçons) ou 25 (filles).

Les épreuves orales sont publiques et comprennent : 1º Lecture expliquée et récitation d'un morceau choisi sur une liste présentée par le candidat ; 2º Histoire et Géographie.

Il faut au total 35 points pour l'admission définitive.

L'épreuve de dessin est facultative pour toutes les filles et pour les garçons des campagnes.

Pour plus de détails, consulter les arr. des 18 janvier 1877, art 256. et suiv., 31 juillet 97, 8 août 03 et 27 juillet 08.

CERTIFICAT D'ÉTUDES PRIMAIRES SUPÉRIEURES — Les examens ont lieu en des conditions analogues aux précédentes. Il y a une session à la fin de l'année scolaire, puis, au commencement de l'année suivante une autre session réservée aux seuls candidats qui ont échoué à la première session, ou qui n'ont pu s'y présenter. Les candidats doivent avoir 15 ans avant le 1er octobre de l'année, (sans dispense). Les épreuves correspondent au programme du Cours supérieur et varient un peu

---

(1) Il n'y a pas de limite d'âge maximum pour cet examen, comme du reste pour la plupart des autres.

suivant les sections choisies par le candidat. Les conditions sont réglées par les art. 242 et suivants de l'arr. du 18 janvier 1887 modifié par les arr. des 17 sept. 1898, 9 déc. 1902, et 8 août 1903.

Divers Titres de capacité. — Voici, outre les 4 certificats d'études, les 16 diplômes ou titres de capacité de l'enseignement primaire :

1° Les 2 brevets (le brevet élémentaire et le brevet supérieur);

2° Les 4 certificats d'aptitude professionnelle : certificat d'aptitude pédagogique, — d'aptitude au professorat des écoles normales et des écoles supérieures; — à l'inspection des écoles primaires et à la direction des écoles normales; — à l'inspection des écoles maternelles.

3° Les certificats spéciaux pour les enseignements accessoires : Certificat d'aptitude à l'enseignement des langues vivantes; — de la comptabilité; — du travail manuel; — du dessin; — du chant (degré élémentaire et degré supérieur); — de la gymnastique; — de la couture; — des exercices militaires; — de l'agriculture.

De ces 22 diplômes offerts par l'Université pour l'enseignement primaire, seul le brevet élémentaire est exigible pour l'enseignement libre élémentaire; le brevet supérieur est requis pour les écoles ou les cours supérieurs déclarés tels; les autres ne sont exigibles que dans les écoles publiques. (v. p. 17).

Les étrangers peuvent se présenter aux examens dans les mêmes conditions que les Français.

Brevet élémentaire. — Les sessions ordinaires ont lieu simultanément dans chaque département, en juillet et octobre. Le candidat doit avoir 16 ans au 1er octobre. Une dispense de de moins de six mois peut être demandée à l'Inspecteur d'Académie, (deux mois d'avance, formule libre, sur timbre, signature non légalisée), une dispense de six mois à un an au Recteur (par l'Inspecteur d'Académie). La dispense est de droit pour le candidat qui possède le certificat d'études supérieures, quel que soit son âge. Toute dispense d'âge accordée pour la 1re session est acquise pour la 2e session de la même année.

Le programme n'est autre que celui du *Cours supérieur* des écoles primaires (V. A. O., et, à partir de 1911, A. 27 juillet 09).

Le candidat choisit le lieu de son examen; il écrit lui-même sur papier timbré sa demande d'inscription, la signe et fait légaliser sa signature par le Maire, puis l'envoie, avec son acte de naissance, 15 jours au moins avant la session à l'Ins-

Brevet supérieur. — Les sessions ont ordinairement lieu 8 ou 15 jours après les examens élémentaires et se passent de même. Consulter le programme et les arr. de 1887, art. 150-153, 9 décembre 1902, 17 août 1905 et 27 juillet 1909.

Le candidat doit avoir 18 ans le 1er octobre. Il peut obtenir une dispense comme pour le 1er brevet. Outre sa demande d'inscription sur timbre et son acte de naissance, il envoie son brevet élémentaire, ou, s'il se présente dans la même session qu'au brevet élémentaire, le certificat provisoire qui en tient lieu. — Les droits à consigner sont de 20 francs.

Le candidat qui échoue à l'oral conserve le bénéfice de l'admisibilité pour la session suivante seulement.

Certificat d'Aptitude pédagogique. (1) — Il n'y a qu'une session ordinaire par an fixée par le préfet, en février. Le candidat peut se présenter dans le département et dans l'arrondissement qu'il préfère. Il doit avoir 20 ans d'âge au 31 décembre de l'année de l'examen et 2 ans d'exercice au moment de l'inscription. Aucune dispense d'âge n'est accordée. Le ministre, sur avis du conseil départemental, peut dispenser du stage.

Il envoie, 15 jours d'avance au moins, à l'Inspection académique : 1° sa demande d'inscription sur timbre (signature légalisée) avec désignation de sa fonction actuelle et des autres situations scolaires qu'il aurait occupées, et en indiquant s'il désire subir l'épreuve pratique dans son école (même maternelle) ou dans une école publique,(l'Inspecteur d'Académie désigne l'école publique ou en laisse le choix à l'interressé) ; 2° son acte de naissance; 3° son brevet (élémentaire ou supérieur); 4° son certificat de stage délivré par l'Inspecteur d'Académie du ou des lieux où il a exercé, même comme suppléant, (hors du département de l'examen.)   Ses notes obtenues aux inspections sont fournies à la Commission.

L'inscription est gratuite.

L'examen comprend : 1° une épreuve écrite (3 heures, pour une composition sur un sujet élémentaire d'éducation ou d'enseignement); 2° Une épreuve pratique (classe faite en présence d'une sous-commission) ; 3° Une épreuve orale (appréciation de cahiers mensuels, interrogations sur la tenue d'une école, ou sur d'autres questions pédagogiques — 20 minutes).

La 1re a lieu au chef-lieu d'arrondissement ; elle est corrigée à l'inspection académique. Les deux autres ont lieu soit dans l'école du candidat, (si toutefois il a passé l'écrit dans

____

(1) Sur ce sujet, consulter le *Livret-Guide* pour la préparation au C. A. P. — Conseils aux Aspirants —.S. Robert, éditeur, Fontaines-sur-Saône, Rhône. 0 fr. 60.

son département), soit dans une école publique (1). La classe désignée lui est ouverte et le programme de l'épreuve (emploi du temps) lui est remis 24 heures d'avance.

Chaque épreuve est notée de 0 à 20. La 1re et la 2e sont éliminatoires et quiconque n'obtient pas 30 au total est ajourné.

Le candidat qui échoue à l'épreuve pratique ou à l'épreuve orale conserve le bénéfice de l'admissibilité pour la session suivante. Il lui suffit, à l'époque des inscriptions, d'informer (par simple lettre sur papier libre) l'inspecteur d'Académie de son intention de subir à nouveau l'épreuve pratique et l'épreuve orale. S'il n'était pas reçu à cette session, il lui faudrait, pour se présenter plus tard, recommencer l'épreuve écrite.

C'est le Recteur qui délivre le diplôme.

Certificats d'Instruction primaire et d'Education chrétienne — Concours. — Dans beaucoup de diocèses, les Evêques ou des Sociétés d'éducation ont institué des examens de divers degrés, analogues aux examens officiels mais comprenant l'instruction religieuse et sanctionnant des études conduites dans un esprit chrétien.

Les certificats délivrés dans ces examens, soit au nom de l'Évêque, soit au nom d'une Société d'enseignement libre, sont parfaitement légaux. Une circulaire ministérielle du 27 janvier 1881 le reconnaît positivement ; elle stipule seulement que la dénomination de *Certificat d'études* sera réservée aux diplômes de l'administration. Mais l'expression *Certificat* ou *Diplôme d'Instruction primaire* est irréprochable.

Les *Concours* entre élèves de diverses écoles libres n'ont rien d'irrégulier ; il n'y aucune formalité à remplir pour organiser dans une classe quelconque ou même hors d'une école une réunion d'élèves, même des deux sexes, et l'enseignement donné à cette occasion, n'étant qu'accidentel, ne saurait être taxé d'ouverture illicit d'école.

Les conditions de ces examens et concours étant variables selon les pays, chacun consultera les règlements des commissions auxquelles il s'adressera. En général ces règlements se rapprochent beaucoup des conditions du *Certificat d'études*.

Les diplômes chrétiens ajoutent à l'attestation d'une instruction sérieuse la garantie d'une *éducation* dont ne se préoccupent pas les examens officiels ; ils sont, pour ouvrir une carrière aux enfants, d'une utilité plus certaine que le simple *Certificat*.

---

(1) Une aspirante peut la subir dans une école maternelle ; son diplôme en portera mention et ne vaudra que pour les écoles maternelles ; elle pourra, dans la même session ou plus tard, subir l'épreuve pratique pour l'école primaire, sans une nouvelle épreuve écrite.

d'études ; le grand avantage de celui-ci, obtenu avant 13 ans, serait d'exempter de la scolarité ; mais comme cette obligation, en fait, ne s'impose à personne, on ne peut même pas reprocher au diplôme chrétien une infériorité sur ce point.

Certificats d'Instruction religieuse. — Les Évêques ont institué des *Examens d'instruction religieuse* ne comprenant que les matières de l'enseignement de la Religion proprement dit : Histoire Sainte, Cathéchisme, Liturgie, Chant religieux, etc... Les diplômes qui sanctionnent ces examens sont offerts comme un complément du Brevet ou du *certificat d'études profanes*, aux élèves qui n'ont point à leur disposition les Examens *d'Instruction primaire chrétienne*.

Ces derniers examens, en effet, qui constatent non pas seulement une science de la Religion juxtaposée à la science profane, mais une instruction tout imprégnée de l'esprit chrétien, répondent seuls exactement à la fin de l'école catholique et secondent bien mieux la direction chrétienne des études.

Les règlements des Examens d'Instruction religieuse sont établis par l'autorité diocésaine de chaque pays. Les intéressés y trouveront les programmes et conditions que nous ne pouvons préciser.

CHAPITRE II

L'enseignement Familial

L'enseignement familial peut devenir le moyen général, nécessaire, auquel devront recourir les familles soucieuses de garder la foi de leurs enfants ; pour les y préparer, pour qu'elles le trouvent à leur portée au moment nécessaire, il serait temps de l'organiser en grand ; d'abord on pourrait ainsi recueillir, à l'occasion, les épaves de nos écoles catholiques, puis surtout généraliser davantage l'enseignement chrétien, atteindre enfin peut-être plus de paroisses, plus d'enfants que ne peut en réunir l'école selon le régime actuel.

L'enseignement simultané offre de grands avantages surtout au point de vue du nombre qu'un seul maître peut instruire.

Mais, l'enseignement familial, c'est la méthode naturelle, voulue de Dieu qui a dit : « Le père enseignera son fils et le fils ses enfants. » (1)

-----

(1) Or on a vu naître de nos jours comme une nouvelle superstition, le *fétichisme de l'enseignement primaire*.

L'école accapare avec jalousie le rôle de la famille. De l'esprit de concurrence, introduit par la rivalité des écoles, est né l'empressement à décharger les familles de tout soin, même matériel.

Partout où l'école chrétienne disparaît, il faut donc se... [se]
sur l'enseignement familial; il faudrait l'organiser même dans
les lieux où l'école congréganiste n'a jamais existé, parce
que là, la *neutralité* de l'école officielle devenant peu à
peu de plus en plus inquiétante, la réapparition de l'enseignement chrétien est nécessaire pour arrêter le recul. Même
borné à un petit nombre d'enfants, il suffirait pour remonter le
niveau de l'esprit religieux dans la paroisse et surtout dans
l'école publique, qui se moralise selon les opportunités de la
concurrence.

Il faudrait l'organiser surtout pour les garçons, qui n'ont
presque nulle part une école chrétienne à leur disposition.

On peut, *en l'organisant bien*, faire produire à cet enseignement presque tous les fruits de l'école chrétienne.

Législation. — L'enseignement familial est *entièrement*
libre, le père a le droit de le donner par lui-même ou par un
maître de son choix; aucun diplôme n'est exigé du maître,
aucune déclaration, aucune condition d'âge, de sexe, etc.; il
échappe à toute inspection; les méthodes, les livres, même
ceux qui sont interdits dans les écoles libres, l'emploi du temps,
les programmes, ne sont soumis à aucun contrôle (1).

L'école achète l'enfant pour s'en faire gloire; les parents, loin d'être
les obligés de ceux qui les remplacent, leur marchandent leurs faveurs
et l'enfant, aux yeux de qui se trafiquent ces marchés, voit bientôt qu'il
n'a plus ni père ni maître.

C'est le grave inconvénient de l'école actuelle. En voici un autre qui
n'aurait pas l'enseignement familial. Depuis que l'école *achète* ses
élèves, les ressources pour sa subsistance sont difficiles à réunir. La
famille ayant oublié son devoir, la rétribution scolaire, malgré quelques
tentatives, n'a pu presque nulle part être perçue. Serait-il téméraire d'espérer qu'on l'obtiendrait plus facilement en retour de leçons particulières.

Parmi les gens aisés qui envoient leurs enfants à l'école gratuite, peu
souffriraient qu'une personne s'occupe spécialement de leur enfant
sans accepter un témoignage de reconnaissance, sinon une rétribution
régulière. Ici le service rendu est plus palpable, plus personnel;
en pareil cas, les personnes qui se respectent n'aiment pas à rester en
retard. Ces témoignages de reconnaissance s'ajouteraient donc aux
ressources procurées par les fondations et aux subventions des Comités
pour étendre l'enseignement chrétien.

Ajoutons que l'influence morale des Maîtres ou Maîtresses sur les
familles y gagnerait aussi beaucoup en raison des relations plus immé-
diates et plus suivies qui s'établiraient nécessairement. Il y a des parents
qui envoient leurs enfants à l'école sans voir jamais les maîtres. Cette
indifférence ne pourrait exister à l'égard d'un maître particulier. On
constate, par ce qu'obtiennent les Sœurs visiteuses, des malades, quelle
heureuse influence on peut conquérir par des services personnels,
et quel bien on peut en tirer.

(1) A plus forte raison les *leçons par correspondance* ne sont
entravées par aucune législation, ainsi que les corrections de
devoirs, les concours, etc., qui en sont la suite. — L'expédition de
devoirs par la poste, sous enveloppe ouverte, doit être affranchie
à 5 centimes par 50 gr. S'il y a des corrections ayant le caractère
d'observations personnelles ou de correspondance, il faut 0 fr. 5 centimes par 50 gr, ajouter 0 fr. 10 quel que soit le poids total; alors
on peut fermer.

Les lois, en effet, n'ont jamais contenu de dispositions prohibitives que contre l'enseignement collectif dans les écoles.

La loi de 1882 dispose seulement que, 8 jours avant la rentrée des classes, le père de famille « fait savoir au Maire » son intention de donner à ses enfants l'enseignement en famille.

A la fin de chaque année scolaire, pour les enfants de 8 à 13 ans, une commission composée de l'Inspecteur, d'un délégué cantonal et d'une personne diplômée, peut, en présence des parents, faire subir à chacun un examen sur les matières du programme correspondant à son âge. Cet examen a pour objet non d'apprécier les doctrines, les méthodes où les progrès, mais simplement de vérifier *s'il y a eu enseignement,* si la classe a été faite. Il suffit ordinairement pour cela de présenter les cahier de l'élève (Circ. 12 septembre 1884.)

Ces prescriptions sont d'ailleurs presque partout tombées en désuétude.

L'enseignement domestique n'a donc, à craindre aucune vexation légale. La seule préoccupation du Maître sera d'éviter toute circonstance qui pourrait le faire considérer comme constituant une *école*, un enseignement *en commun*.

Dans les conditions ordinaires, on n'inquiète point un professeur particulier qui enseigne simultanément 3 ou 4 enfants à la fois. Mais, en cas d'organisation, il ne serait pas sûr de donner des leçons à plus d'un élève simultanément alors même qu'il s'agirait de simples répétitions de matières spéciales, par exemple pour préparer aux examens des Postes (1).

Cependant le Maître peut toujours réunir en toute sécurité les enfants d'une même famille, et cela peut s'étendre aux neveux et même aux cousins et aux domestiques ou enfants de domestiques, mais uniquement à ceux qui *vivent sous le même toit,* et non aux autres.

Le fait d'instruire isolément, tour à tour en des pièces distinctes, mais dans le même immeuble, et d'après un tableau arrêté d'avance, des enfants réunis en garderie (v. p. 41) constitue une tenue d'école (cass. 22 juil. 04), surtout si l'organisation paraît relever soit d'une congrégation, soit d'un comité ou du protecteur de l'école. Mais si les leçons particulières se donnent en dehors du local de réunion, et s'il n'y a pas corrélation entre les exercices de la garderie et les leçons, ces leçons restent à l'abri de toute critique (Grenoble 21 fév. 1903 et 15 janv. 1904. Cass. 22 juil. 1904 et C. Chamberry 8 oct. 1904).

____

(1) Un prêtre peut, en faisant une déclaration à l'Inspecteur d'Académie, instruire simultanément 4 jeunes gens d'après la loi de 1850, art 66).

La circulaire Briand, du 4 avril 1906, a prétendu, mais n'a pu supprimer cette disposition légale.

Organisation. — Supposons deux ou trois personne
dévouées. intelligentes et suffisamment instruites, dans une
paroisse de 1.000 habitants. Le contingent normal d'une école
chrétienne serait de 60 élèves.

Afin d'atteindre ces enfants les institutrices devront d'abord
se préoccuper de se créer des *auxiliaires* et de les former. Dans
la moitié des familles elles trouveront une mère, une grand'mère,
une tante ou une grande sœur, parfois un père, grand'père ou
frère qui, du moins pour les enfants de la maison, seront les
meilleurs des auxiliaires.

Partout où se rencontrent ces moniteurs naturels. ils faut se
garder d'en demander d'autres, quand même on en connaîtrait
de plus aptes; et cela, non seulement parce que leur action
est en elle-même plus pratique et plus efficace, mais surtout
parce qu'on ramènera ainsi la famille à l'accomplissement
d'un devoir, de son premier devoir, dont le *fétichisme de l'école*
l'a malheureusement trop détournée. Si la famille ne peut
fournir un moniteur même pour les tout petits enfants, que du
moins elle se préoccupe davantage de la conduite de l'élève
et de son exactitude au rendez-vous des institutrices.

— L'avantage principal que plusieurs mères attendent de
l'école c'est d'être par elle débarrassées de tout souci. Il faudra
procurer ce déplorable service en établissant une garderie.[1]

La garderie servira surtout à ramener dans la mesure utile
la vie de l'école avec ses avantages : l'émulation, l'exemple,
la formation des caractères, l'initiation à la vie sociale, etc…

L'enseignement du Catéchisme et de l'Histoire Sainte,
quelques récits moraux, le travail manuel, les récréations,
suffiront à y apporter le mouvement et l'intérêt. On pourrait
consacrer 2 journées ou 4 demi-journées à ces réunions.

L'émulation sera soutenue par des notes, des places de
composition et des bons points donnés séparément mais pro-
clamés publiquement. Les professeurs par correspondance ont
des moyens analogues d'émulation.

Deux ou trois fois par an (il serait dangereux de le faire
plus souvent) une commission, ou simplement une personne
s'intéressant à l'éducation. le Curé par exemple, pourrait
examiner et faire concourir les élèves (v. p. 76).

Toute cette jeunesse sera encore mise en contact et en communauté de vie intellectuelle par de fréquentes réunions de
patronage, par des promenades, par des conférences avec ou
sans projections sur des sujets à la fois utiles et intéressants.

Leçons. — Tous ces moyens auxiliaires étant préparés,
il reste à organiser les leçons proprement dites.

En tenant compte des leçons simultanées qu'il sera permis
de donner aux enfants d'une même famille, il faudra attribuer

chaque jour à notre contingent supposé de 60 élèves, le temps de 40 leçons.

Une heure employée avec ordre et préparation sera la durée convenable de chaque leçon quotidienne. Si la Maîtresse peut laisser ses élèves entre les mains de bons moniteurs, une demi-heure suffira. Pour les petits enfants dont la famille s'occuperait intelligemment, elle pourrait se contenter de la haute direction de l'enseignement donné par le moniteur, et n'instruire par elle-même que quelques minutes; ses observations iraient surtout au moniteur pour le bien guider.

En somme, à la grande rigueur, 24 heures de leçons directes suffiraient pour pousser l'instruction de nos 60 élèves C'est le travail de trois Maîtresses; il ne faut pas demander à chacune plus de 8 heures de leçons par jour. Chacune pourrait seulement ne pas prendre son jeudi entier, et en consacrer une partie à des leçons extraordinaires pour certains enfants qui en ont un besoin plus particulier. Ce serait aussi le jour réservé pour travail manuel, qui, lui, peut être enseigné en commun; une seule maîtresse y suffirait (1).

Si l'on veut donner plus de temps à chaque enfant, ou si le nombre des élèves est plus grand, presque partout on pourra recruter sur place d'autres maîtresses qui fourniront régulièrement sinon 8, du moins 1 ou 2 heures par jour. Plus nombreuses seront les participantes, plus l'Œuvre sera vitale. Il n'est point nécessaire qu'elles soient très instruites; il suffit qu'elles sachent ce qu'on leur demandera d'enseigner, qu'elles prennent leur office à cœur et qu'elles y soient bien stylées.

— Une question pratique : La Maîtresse ira-t-elle porter ses leçons à domicile, ou viendra-t on les chercher chez elle ?

Cela dépendra des circonstances.

---

(1) L'expérience a déjà prouvé que si ces courtes leçons sont données avec méthode, chaque élève avance autant que sous le régime ordinaire d'une école nombreuse. Dans les écoles de 50 enfants à une seule maîtresse, il y a nécessairement 5 ou 6 divisions de 8 ou 10 élèves. La maîtresse ne peut guère consacrer qu'une heure à chaque groupe; l'enseignement ne marche point aussi rondement qu'une leçon particulière; il y a des pertes de temps occasionnées par la surveillance de toutes les divisions, par les explications particulières que nécessite l'ignorance, l'étourderie ou la mauvaise volonté de quelques enfants. De plus, n'oublions pas que dans les leçons particulières ne sont pas compris le Catéchisme, l'Histoire sainte, le travail manuel, et divers petits accessoires comme le chant, le dessin, qui peuvent s'enseigner en commun et qui, à l'école, se prennent sur les 6 heures de classe. N'oublions pas non plus que nous comptons, pour faire fructifier la leçon particulière, sur l'ensemble des secours extérieurs indiqués ci-dessus, surtout sur la surveillance et la direction du travail par la famille ou par une autre personne, sollicitude qui, dans une école, absorbe encore le temps de la maîtresse. Dans ces conditions, nous restons persuadé qu'en une heure, ou même, si les conditions sont plus favorables, dans une demi-heure de leçon particulière, chaque enfant assimilera plus d'idées de sa maîtresse qu'en six heures d'une classe ordinaire.

L'une et l'autre méthode sont praticables et pratiquées. L'une et l'autre sont également légales.

Une maîtresse préférera souvent recevoir son élève chez elle ; sa visite quotidienne dans certaines familles pourrait d'ailleurs être inopportune. Elle assignera donc une heure à chacune de ses élèves, pour que toutes se trouvent sous sa main exactement au moment voulu.

Pour régler son temps, la Maîtresse s'inspirera beaucoup des circonstances, des dispositions habituelles de l'élève, et même de la manière dont sera comprise la leçon du jour. Car l'enseignement domestique jouit encore de cet avantage particulier de s'adapter mieux aux facultés personnelles et à l'état d'âme momentané de l'élève.

Conclusion. — Notre type d'organisation suppose trois personnes à la tête de l'enseignement familial des filles dans une paroisse de 1.000 habitants. Mais il va sans dire qu'une organisation analogue est possible à peu près partout avec les variantes que conseillent les circonstances, pour les garçons comme pour les filles, avec des institutrices ou des instituteurs, et sans brevet. Plus la paroisse est petite et plus c'est facile. Il n'est d'ailleurs point nécessaire d'atteindre tout de suite la majorité des enfants pour produire un effet bienfaisant considérable. Quelques élèves soumis à l'influence de l'enseignement chrétien, avec la crainte que d'autres ne les suivent, suffisent pour rendre et maintenir moins mauvaise l'école publique, et pour former un foyer de bon exemple dans la localité.

Saint Paul veut que l'on enseigne *publice et per domos.* Quand on ne peut plus enseigner en public on se résigne aux Catacombes ; mais le devoir *d'évangéliser* reste toujours, et alors s'impose l'enseignement *per domos.*

CHAPITRE III

Autour de l'Ecole

Catéchisme. — Tout chrétien peut et doit instruire de sa religion ses enfants et le personnel de sa maison. Nul ne peut, hors de ce cercle, dispenser l'enseignement religieux, surtout en public, en dehors de la direction de l'Eglise. Les catéchistes volontaires doivent recevoir leur délégation de l'autorité ecclésiastique à laquelle incombe l'instruction des enfants dont ils se chargent.

L'art. 30 de la loi de Séparation (9 déc. 05) porte que

« l'enseignement religieux ne peut être donné aux enfants de 6 à 13 ans inscrits dans les écoles publiques qu'en dehors des heures de classe. »

L'enseignement ici désigné est *celui que le programme scolaire de 1850 imposait à l'école publique* et que la loi de 1882 en a retranché, c'est-à-dire celui que donne le ministre du culte à des enfants rassemblés dans le but exclusif de leur faire apprendre et réciter le catéchisme et l'histoire sainte. L'art. 1er de la loi de séparation garantissant le libre exercice du culte, les *exercices religieux*, cérémonies du culte, messe, enterrements, mariages, baptêmes, confessions, et même les missions, retraites et autres prédications qui ne s'adressent pas spécialement aux enfants, ne sont pas compris dans cette disposition légale, pas plus que les réunions sans but religieux, v. g. en vue de travaux, chants, promenades, jeux etc. (Cass. 9 déc. 1909). Mais, en vertu de la loi sur l'obligation scolaire, les parents pourraient être inquiétés par la Commission scolaire, et les élèves punis. (L. de 1882, art. 14).

Spécialement pour la semaine qui précède la 1re communion, les Maîtres *doivent autoriser* les élèves à quitter l'école aux heures où ils sont appelés à l'église. (Réglement scol. art. 5). Par conséquent ils doivent les reprendre tant que dure la classe, au retour de chaque exercice. — Le Ministre, en confirmant ce Règlement devant la Chambre, le 17 janvier 1910 laisse entendre que si la Cass. (15 janv. 1910, a rendu un arrêt qui semble contraire, c'est uniquement parce que *l'autorisation* n'avait été ni donnée, ni demandée.

Le *Ministre du Culte* seul est punissable en vertu de la loi de séparation, et non v. g. une dame catéchiste. Il peut être condamné, en l'absence même de toute récidive (Cass. 5 juin 1908), à 15 fr. d'amende et 5 jours de prison ; le délit punissable c'est de faire *pendant les heures réglementaires* de classe, le catéchisme à des enfants *inscrits* à l'école *publique*, et cela, même s'il était couvert par un ordre des parents, mais non si les enfants ont été *exclus* de l'école ou s'ils sont inscrits dans une école libre, ou si les parents ont notifié au maire leur volonté de faire donner l'instruction familiale (v. p. 30). L'ecclésiastique n'est point en défaut pour n'avoir pas laissé entre son catéchisme et la classe le temps matériel d'arriver à l'heure réglementaire (T. Luzy, 20 mars 1909 *contr à* Maurs, 29 avril). — Le dimanche et le jeudi étant légalement réservés pour l'instruction religieuse, si l'instituteur appelait ses élèves à l'école ces jours-là le catéchiste qui les retiendrait ne serait pas en faute quand même par extraordinaire il y aurait classe régulière. — Contre l'instituteur qui garderait ses élèves en violation de la loi, il n'y a de sanction que le recours des parents au supérieur hiérarchique de l'Instituteur (inspecteur ou ministre).

Un arrêt de Cassation, du 29 nov. 1909, décide que des allusions à des faits historiques seraient, de la part d'un catéchiste, une incursion dans le domaine primaire, et par suite exposeraient aux pénalités prévues par l'art. 40 de la loi de 1886. On paraît avoir confondu le *Cours* d'histoire avec la *citation* historique. L'affaire n'étant pas terminée, il faut espérer que cette jurisprudence ne s'établira pas.

L'art 34 de la loi de Séparation manaçant d'amende et de prison tout ministre du culte qui, à l'occassion du culte outrage l'autorité ou provoque à résister aux lois est applicable à la séance de catéchisme tenue à l'église ou même à la sacristie, (Cass. 6 nov. 1909).

Garderies. — Les garderies n'ont besoin pour s'ouvrir ni d'autorisation, ni de déclarattion. « Elles ne sont pas dans la loi ; la loi scolaire n'a rien à voir avec elles.» (V. pp. 9, 11, 54, 79). Cependant pour admettre des enfants au-dessous de 3 ans, il leur faudrait l'autorisation imposée aux Crèches (D. 2 mai 97; Cass. 24 mars 05). Un projet de loi prétend imposer d'autres réserves, mais pour le moment aucun titre n'est exigé de la Directrice, aucune condition pour le local. Aucune autorité ne peut s'introduire dans la maison, si ce n'est le Maire, quand la sécurité publique l'exige. D'après la loi du 5 avril 1884, il lui appartient de prévenir les épidémies par des précautions con venables, mais non de changer l'affectation d'un local privé. (Cass. 3 déc. 04). Il ne pourrait en ordonner la fermeture que pour des raisons exceptionnelles concernant l'ordre public. On peut y admettre des enfants de tout âge et de tout sexe, en se conformant, bien entendu, aux règles de l'hígiène et des convenances.

L'installation dans une ancienne école encore munie de son mobilier ne donne pas à la garderie un caractère scolaire.

Une *gardienne* d'enfants doit s'abstenir d'enseigner toute matière rentrant dans le programme officiel, mais elle peut faire apprendre les prières, le Catéchisme et l'Histoire Sainte (Cass. 15 juillet 1888) ou encore certains accessoires du programme, comme le travail manuel et le chant ; elle peut les occupér en « développant leur intelligence par des récits et des jeux (Sédan, 30 oct. 1901). Toutefois il faut observer une extrême prudence dans les leçons, et s'abstenir de tout ce qui pourrait faire considérer ces réunions d'enfants comme une école clandestine et donner prétexte à des poursuites. (C. Grenoble. 21 fév. 1903).

Si une institutrice qui a déclaré une ouverture d'école tient elle-même, hors le temps des vacances, une garderie d'enfants de 6 à 13 ans pendant le mois qui suit sa déclaration, soit dans sa future école, soit ailleurs, elle s'expose à une opposition pour cause d'immoralité, fondée sur ce qu'en empêchant ces enfants d'aller à l'école, elle fait échec à la loi sur l'obligation. Mais contre toute autre gardienne, même une future adjointe, cette *immoralité* ne comporte aucune sanction, même si elle réunit ses enfants dans la future école déjà déclarée (v. p. 41) pourvu que rien ne prouve la complicité de la déclarante (C. S. juill. 08).

Maisons de famille. — Si une maison loge et nourrit des enfants qui reçoivent ailleurs l'instruction, elle peut se présenter sous deux aspects : ou bien son but *obvie et prédominant* est étranger à l'instruction ; c'est par exemple l'exercice de la charité ou une organisation d'apprentissage, comme dans une orphelinat, un sanatorium ou un ouvroir (gratuit ou payant) ; ou bien elle se propose principalement de concourir à une œuvre scolaire, comme le font certains internats qui reçoivent les enfants dans les conditions ordinaires d'un pensionnat mais les conduisent aux classes d'une institution.

Dans le premier cas, d'après une circulaire Ferry, du 12 avril 1882, l'établissement échappe au contrôle de l'Etat en tant qu'il remplace la famille ; la personne qui le dirige n'est donc astreinte ni au diplôme ni à la déclaration. Il faut, bien entendu, que les pensionnaires ne reçoivent *collectivement* à la maison *aucun* enseignement du programme scolaire.

Il est en outre prudent qu'ils n'y soient pas sous la surveillance du personnel de l'école où ils sont inscrits comme externes.

Mais le Directeur, comme père de famille, peut et doit s'occuper de l'éducation et de l'instruction religieuse de ses enfants. Il peut et doit veiller, comme on le ferait dans une famille, à ce que les leçons soient apprises et les devoirs faits à la maison (sans aucune direction de la part de ses préposés) ; mais ces devoirs seront corrigés à l'école.

Dans le 2e cas, suivant un arrêt de Cass. du 10 janv. 1867, l'établissement présente, à raison de la nature de la surveillance et des soins donnés aux enfants, les caractères, sinon d'une école, au moins d'une *maison d'éducation ;* car son action rentre dans les attributions d'un établissement scolaire, et c'est des établissements scolaires que l'on réclame le plus ordinairement les services qui constituent sa raison d'être. — Et dans ce cas, la jurisprudence paraît exiger, au moins du directeur, les mêmes diplômes et formalités que pour la tenue d'une école avec pensionnat, alors même qu'il ne se fait aucune classe dans la maison.

Toutefois, une famille qui reçoit en pension un ou deux enfants qu'elle conduit à l'école ou qu'elle instruit elle-même par des leçons particulières, ne saurait être considérée comme un établissement scolaire. (Cf. p. 8).

Ouvroirs. — Ateliers. — Les ouvroirs sont des établissements dans lesquels des jeunes filles ou des femmes (internes ou externes) se réunissent pour se livrer à des travaux à l'aiguille ou à d'autres travaux susceptibles de leur ouvrir l'accès d'une profession lucrative.

Aucune formalité n'est imposée pour la création de ces établissements. Mais ils sont soumis, par la loi du 2 Novembre 1892 sur le travail des enfants, des filles mineures et des femmes dans les établissements iudustriels, à une règlementation assez compliquée. Il importe donc que les directrices connaissent bien les prescriptions de cette loi.

L'art. 10 impose : 1° *l'affichage* du texte de la loi et de *l'emploi de temps* dans les ateliers; 2° un *livret* fourni par le Maire, pour chaque enfant de moins de 18 ans; 3° un *registre* mentionnant sur chacun diverses indications.

Pour les Orphelinats et Ouvroirs, l'art. 11 prescrit, outre l'affichage, de tenir ou de remettre trimestriellement, à l'inspecteur du travail, un état nominatif des enfants élevés dans l'établissement.

L'enfant âgé de moins 13 ans (12 ans s'il a son certificat d'études) ne doit travailler que 3 heures par jour ; les jeunes gens au-dessous de 18 ans, et toutes les femmes, 10 heures.

Il faut noter d'ailleurs, que la loi de 1892 ne s'applique qu'au travail *industriel*, et aux établissements de charité ayant pour objet de *former des ouvriers* ou des artisans, mais non aux établissements où l'on forme les enfants *à la vie domestique* en les occupant à des travaux de ménage. Lorsqu'il n'y a pas travail industriel régulier et organisé pour *livrer les produits au commerce*, l'Inspecteur du travail ne peut jamais y pénétrer (Cass. 6 Déc. 1901). — Même pour pénétrer après la chute du jour, dans un atelier vraiment industriel où l'on ne travaille régulièrement que de jour, il faut que des circonstances constatées de l'extérieur justifient la présomption grave d'un travail nocturne. (Nancy, 28 Juin 1900). — Voir aussi L. du 30 mars 1900.

Patronages. — Les patronages peuvent être constitués de deux façons : 1° Un particulier, prêtre ou laïque, dans son domicile ou dans un local lui appartenant ou mis à sa disposition, réunit accidentellement ou régulièrement des jeunes gens par invitation nominative. Dans ce cas aucune formalité n'est à remplir.

2° On veut donner à l'Œuvre une base plus stable, et pour l'organiser en permanence, on la constitue sous forme d'Association selon la loi de 1901. La *Société d'Education* peut fournir dans ce cas, un modèle de Statuts.

— Des séminaristes ont eu l'heureuse idée d'ouvrir des *patronages de vacances*. A cette époque en effet le désœuvrement des enfants réclame des secours spéciaux et le temps dont on dispose permet de tout organiser de manière à faire accepter des exercices difficilement praticables en temps ordinaire, notamment une retraite.

Colonies de Vacances. — Cette œuvre se propose de procurer à des groupes d'enfants citadins l'avantage de la vie au grand air. Elle tient à la fois de la *Garderie*, du *Patronage* et de la *Maison de famille* (voir ces articles).

Le but principal n'étant ni l'instruction ni directement l'éducation (quelques bons effets que l'on espère à ce point de vue) la *Colonie* ne saurait être considérée comme un établissement scolaire. On peut donc l'organiser sans diplôme, sans déclaration, dans un local quelconque, même dans les classes, dortoirs, etc., d'une école actuellement ouverte (externat ou pensionnat), avec ou sans le concours du personnel de cette école (quand même le sexe des colons ne serait pas celui des élèves, pourvu que ceux-ci soient en vacances)

Les colons peuvent travailler à leurs devoirs de vacances sous la surveillance, mais non avec le concours de la direction. Quelques-uns pourraient, surtout hors de la maison, recevoir des leçons particulières (v. p. 77). — Pour l'instruction religieuse, v. *Garderies*.

Si les colons étaient installés dans une école de leur sexe le personnel de cette école pourrait leur faire des classes régulières.

Mutualité Scolaire — Cette institution est utile à trois points de vue; 1° Elle développe chez les enfants l'esprit d'économie, de prévoyance et de charité mutuelle ; 2° elle leur procure réellement des avantages matériels qui sont appréciés des familles ; 3° Par là elle les attache à l'école et les tient en relation même après la sortie.

L'enfant verse ordinairement 0 fr. 10 par semaine. Cinq centimes sont versés au fond de secours mutuels, et servent à payer 50 centimes par jour à ses parents s'il tombe malade ; 5 centimes servent, soit à lui constituer une dot à 21 ans, soit à lui assurer une retraite et alors, si la mutualité est approuvée, l'Etat double le versement. A 15 ou 16 ans, les cotisations sont augmentées.

La *Société d'Education* peut procurer des modèles de Statuts et de Règlements.

Caisse dotale. — Une caisse dotale a pour but : 1° d'habituer les jeunes ouvrières à l'épargne; — 2° d'encourager leur persévérance dans le bien et leur fidélité à l'association qu'elle forment (patronage, confrérie, ouvroir, etc.); — 3° de leur constituer une dot ouvrière favorisant la fondation d'un foyer honnête, heureux et chrétien.

L'économie de la jeune fille est encouragée par un système de primes. La caisse dotale, facile à fonder partout, offre toutes garanties; il n'y a de risque à courir ni pour la jeune fille, ni pour les fondateurs.

Conférences. — Les Conférences, avec ou sans projections lumineuses, sont utiles pour intéresser les populations à l'école. On utilise aussi les projections pour varier l'intérêt des enfants à l'école ou au patronage.

Pour organiser une conférence *privée*, aussi nombreuse que l'on veut, il n'y a aucune formalité à remplir. Les invitations sont nominatives, et chaque assistant vient muni de son invitation. C'est là tout ce qui distingue une réunion privée d'une réunion *publique*, ouverte à tout venant. Depuis 1907, les réunions *pnbliques* ne sont assujetties à aucune déclaration.

Le *Droit des pauvres* (v. plus bas) étant un impôt sur le plaisir, n'est pas dû sur la recette d'une conférence payante si elle n'est pas précédée ou suivie d'un concert ou spectacle quelconque.

Bibliothèque scolaire. — Les prêts de livres entretiennent les rapports avec les familles et les élèves sortis de l'école. Si les livres sont bien choisis, il se fait un bien réel. Il est donc utile d'annexer à l'école une bibliothèque scolaire.

Une *Bibliothèque pédagogique*, où les Maîtres d'une région trouveraient des traités et des revues de pédagogie pourrait rendre de grands services au personnel des écoles.

Rien dans la loi ne règle la tenue d'une bibliothèque. Mais si l'on veut que les prêts se fassent avec ordre et que les livres rentrent régulièrement, il faudra un règlement, un registre bien tenu, et surtout un directeur zélé, instruit et judicieux sachant procurer à chaque lecteur le livre qui lui convient.

Représentations théâtrales.—Concerts.—Les écoles et patronages ne sont soumis à aucune formalité s'ils font représenter des pièces ou exécuter des concerts devant des spectateurs *invités* nominativement. (V. *Conférences*). Mais si l'entrée est payante, le bureau de bienfaisance prélevera sans doute le *droit des pauvres* exigible sur la recette brute des représentations publiques. Le droit est dû, même si les représentations sont au profit d'une œuvre charitable, non seulement quand l'entrée est libre, mais alors même qu'il y a des cartes ou des lettres personnelles, surtout si ces cartes sont remises à tout venant ou si les invités peuvent réserver des places moyennant par exemple 0 fr. 50 ou 1 fr. Toutefois le Conseil d'Etat ne considère pas comme étant le paiement du spectacle la cotisation d'un adhérent à une

Société qui, entre autres avantages, procure à ses membres l'entrée à un spectacle. (C. d'Etat, 12 dec. 1906).

Le droit est de 5 °/₀ sur la recette *brute* des concerts non quotidiens ; de 10 °/₀ sur les concerts quotidiens et sur les panoramas, séances de prestidigitation, spectacles quelconques occasionnels ; de 25 °/₀ sur les bals, feux d'artifice, etc. — On accorde ordinairement remise partielle ou totale du droit lorsque la recette doit avoir une affectation charitable.

Le droit n'est pas perçu sur les quêtes ou les *tombolas* faites au cours de la séance. Toutefois la quête pourrait être considérée comme se substituant au tarif des places, à moins qu'elle ne soit au profit des pauvres (C. d'Et. 2 fevr. 1900),

Les *auteurs* de drames et les compositeurs de musique (ou leurs héritiers pendant 50 ans, ou leurs éditeurs, ou en leur nom la *Société des auteurs, compositeurs etéditeurs*), perçoivent un droit *d'audition* pour chaque *exécution* publique de leurs œuvres, même à l'aide d'un phonographe ou d'un autre appareil mécanique (T. Paris, 8 mars 95 ; Beaune, 9 juill. 96 ; C Lyon, 14 nov. 1900). Mais il n'est rien dû si l'exécution a lieu comme exercice destiné à stimuler le zéle des élèves, devant des parents ét amis invités nominativement et ne payant rien ; ni toutes les fois que la séance n'a pas le caractère de spéculation et de publicité (Cass. 23 janv. 1907).

On coupe court à toute difficulté par un abonnement (de prix minime) à la Société des auteurs.

Les droits *d'édition* des auteurs s'opposent à la reproduction totale ou partielle de leurs œuvres, même de minime importance comme un chant, par l'impression, la polycopie, les disques ou rouleaux phonographiques ou autres procédés similaires, alors même qu'on ne mettrait pas ces copies en vente et qu'on les réservait au personnel d'une maison.

Quêtes et loteries. — Toute pétition, quête, souscription ou loterie, est interdite à l'école publique, mais non à l'école libre. Les loteries ou quêtes pour la Sainte Enfance ou pour d'autres Œuvres peuvent donc y être organisées, en se conformant toutefois, pour ce qui ést des loteries, aux lois qui les concernent.

Les quêtes sont libres et un maire ne peut ni les empêcher à domicile ou à l'église, ni les réglementer sous prétexte que la mendicité est interdite ou que le bureau de bienfaisance a seul le droit de quêter. (Cass. 2 août 1897 et 10 nov. 1900).

Pour les loteries organisées d'avance, elle ont besoin de l'autorisation du Préfet, sur avis du maire ; une *tombola* peut se tirer sans cette autorisation. — La tombola diffère de la loterie en ce qu'elle est organisée et tirée séance tenante. On tolère que des billets soient offerts d'avance dans un certain cercle d'amis, pourvu que ce soit gratuitement. — Quand on organise une fête, on peut fixer un prix d'entrée et inscrire sur la carte qu'elle donne droit à une un ou plusieurs billets de tombola.

Visite des malades. — Les Sœurs institutrices annexent souvent à leur école l'œuvre de la visite des malades. Ce zèle charitable dont bénéficient les familles et l'asssistance religieuse des malades, profite indirectement à la prospérité et à la bonne discipline de l'école par les rapports plus intimes qu'il établit avec les familles.

Mais la visiteuse doit se renfermer dans son rôle; si elle empiétait sur celui du médecin, elle se créerait d'abord des difficultés dans ses relations, puis s'exposerait à une amende de 100 à 500 fr. pour exercice illégal de la *médecine* ou même de *l'art dentaire* (Loi du 30 Nov. 1892). Il ne lui est pas interdit de donner, surtout en l'absence du médecin, des conseils et des soins, même très importants en cas d'urgence, pourvu qu'elle ne signe ni ordonnances ni consultations et que ses visites soient gratuites (ce qui n'exclut pas les témoignages *absolument spontanés* de reconnaissance).

Pharmacie. — La tendance actuelle des Tribunaux est de réserver exclusivement aux pharmacies la vente ou la distribution de tous les médicaments, à l'exception de quelques remèdes simples. Des circulaires ministérielles de 1806, 1840 et 1862, se basant sur une vieille déclaration de 1777 et sur un avis conforme de la faculté de médecine et du Comité d'hygiène, ont autorisé les Sœurs de charité à préparer, vendre, ou distribuer gratuitement des tisanes, potions huileuses, potions simples, loochs simples, cataplasmes, fomentations, médecines et autres médicaments dits offinaux dont la préparation n'exige pas de connaissances pharmaceutiques étendues, mais non les remèdes composés dits *magistraux*.

Les Religieuses ont donc sous ce rapport un peu plus de latitude que les autres personnes.

La peine, en cas de délit, serait une amende de 25 à 600 fr, mais non la fermeture de la maison.

CHAPITRE IV

Renseignements divers

Places à l'Église. — Aucune loi, sous le Concordat, n'obligeait les Fabriques à concéder des places gratuites à tous les enfants indistinctement. Il était de principe que tous les bancs et chaises d'une église doivent être loués, excepté quelques places réservées aux indigents. A plus forte raison maintenant on ne saurait *exiger* la gratuité générale.

Un moyen de tourner la difficulté, est que l'Eglise fasse avec l'Instituteur ou la Commune un abonnement qui est ensuite remboursé par les parents aisés, comme le sont les fournitures classiques.

Quant à l'instituteur personnellement, une place gratuite peut lui être concédée non seulement en raison de services rendus dans l'église même, mais aussi parce que l'école chrétienne est une annexe et comme un service de l'Eglise.

Secours aux enfants des écoles libres. — Les Communes ne peuvent plus subventionner des écoles libres ; toutefois, le Conseil municipal peut *mettre à la disposition du Maire* une certaine somme destinée à fournir des secours aux enfants pauvres qui fréquentent une école quelconque. Mais il est interdit d'inscrire au budget aucun crédit pour leurs fournitures classiques; de telles allocations sont regardées comme constituant une subvention à ces écoles, et les délibérations prises pour cet objet sont annulées.

Si la commune satisfait d'ailleurs à toutes ses dépenses obligatoires sans emploi de ressources extraordinaires, elle peut inscrire à son budget : *Secours en nature ou en argent à distribuer par les soins du maire aux enfants pauvres de toutes les écoles, ... tant.*

Les termes employés ici sont inattaquables et l'article ainsi libellé sera certainement approuvé à la préfecture.

Rien n'empêche que l'allocation affectée aux classiques, prix, etc., des écoles communales, soit diminuée en faveur de celle mentionnée dans l'article additionnel.

Le Conseil d'Etat dit que les secours doivent être distribués *par les soins du maire ;* cette expression ne semble pas exiger que le maire procède personnellement à la répartition ; il peut en charger des personnes de confiance, par exemple, l'instituteur pour les enfants des écoles publiques et le curé pour les enfants des écoles libres.

Les bureaux de bienfaisance sont institués pour tous les pauvres, sans exception. L'assistance doit être accordée aux indigents adultes ou enfants en dehors de toute préoccupation politique ou religieuse, par conséquent aux enfants des écoles libres et à leurs parents. (Déclar. ministérielle 12 juillet 1906).

— Une *Garderie* n'étant pas une école, rien n'empêche de la subventionner comme tout autre établissement charitable.

Dons et legs. — Les libéralités entre vifs ou testamentaires en faveur des écoles sont soumises à des conditions très épineuses. La prudence commande donc de toujours faire établir par des hommes versés dans ces matières le texte même des actes qui s'y rapportent.

Quant aux fondations déjà constituées à fin d'enseignement chrétien, le soin et le pouvoir d'en assurer l'exécution appartient soit aux donateurs, (fussent-ils seulement collecteurs de souscriptions), soit aux tiers gratifiés (congrégation, évêque, curé, bureau de bienfaisance, commune, hospice, etc.)

Si la condition qui a été la cause impulsive et déterminante de la fondation n'est pas remplie, chacun des intéressés peut en provoquer la révocation. En cas de laïcisation, l'action révocatoire ne peut plus s'exercer contre une commune deux ans après l'insertion de l'arrêté de laïcisation au *Journal officiel ;* mais contre un hospice ou toute autre personne la prescription n'est acquise qu'au bout de 30 ans. Les biens des établissements frappés en vertu de la loi du 7 juillet 1904 sont soumis à d'autres conditions (v. p. 21, note).

Les *baux* ou autres contrats consentis par un établissement, tant qu'il n'a pas été évincé, restent valables et lient les nouveaux propriétaires après la révocation.

En pratique, sitôt qu'une clause d'une fondation cessé d'être exécutée, il y a lieu d'en saisir des jurisconsultes expérimentés et de les presser d'agir.

Rétribution scolaire. — Le paiement de l'écolage par les familles est juste et désirable. Si cette rétribution écarte quelques enfants, beaucoup moins nombreux qu'on ne suppose, elle opère une sélection d'élèves plus assidus et généralement plus appliqués, non seulement parce que les vagabonds sont écartés, mais surtout parce que les familles intéressées à l'école exigent une application et une assiduité plus parfaites.

L'école payante attire aussi des enfants des familles indifférentes qui, si toutes les écoles étaient gratuites, iraient à l'école publique. Pour les indigents qui le méritent, on établit discrètement les *bons d'écolage* qui, étant une faveur, donnent au maître le droit d'exiger le travail et l'assiduité.

En somme, le bien obtenu est ordinairement plus profond sinon plus étendu.

Associations scolaires. — La loi de 1901 permet de constituer l'école libre sous le patronage d'une Association qui l'entretient. Cette loi institue : 1º l'association *libre,* qui ne jouit d'aucune capacité juridique ; 2º l'association *déclarée* qui peut ester en justice, acquérir à titre onéreux, posséder et administrer les cotisations de ses membres, le local de l'association et les immeubles strictement nécessaires au but qu'elle se propose ; 3º l'association *autorisée* ou reconnue d'utilité publique qui peut de plus recevoir les dons et legs.

Aucune ne doit, comme le font les sociétés commerciales, se proposer de faire des profits.

L'Association *déclarée* est celle qui convient le mieux pour grouper les familles, les intéresser à l'école qui devient *leur* œuvre, créer des ressources régulières, fixer et perpétuer la possession du local scolaire, assurer le fonctionnement, etc.

Les formalités d'organisation sont très simples : Rédaction de *Statuts*, choix d'un *Conseil d'Administration, déclaration* et *dépôt des statuts, publication* au Journal Officiel — c'est tout.

L'Association peut en outre édicter, sans les déclarer, tels règlements intérieurs qu'elle juge utiles pour le bon fonctionnement de ses œuvres.

On trouvera tous les renseignements désirables sur ce sujet dans « *Sociétés et Associations* » ouvrage édité par la *Société d'Education* (3 fr. 50) notamment un modèle de *Statuts*. Dans « *l'Ecole libre de demain* » avec ses annexes, par Jean Bornet, édité par le comité Lyonnais des Associations scolaires libres, 80, rue Crillon, Lyon, (1 franc), on trouvera d'excellents aperçus sur les avantages moraux des Associations de familles en vue de l'éducation, et des conseils excellents pour le fonctionnement pratique et fructueux de ces organisations.

Impôts. — Les écoles libres sont assujetties à l'impôt *foncier*, à l'impôt des *portes et fenêtres* et, si elles sont occupées ou possédées par une Société, à l'impôt sur le *revenu* et à l'impôt de *mainmorte* auquel se superpose le droit *d'accroissement* lorsque la Société propriétaire a un but religieux.

Pour que le droit d'accroissement soit dû, il faut que le but principal et prédominant soit religieux, ce qui n'a pas lieu pour une association en vue de l'éducation, de l'instruction ou de la bienfaisance, alors même que l'école, l'œuvre de bienfaisance, le patronage, etc. sont chrétiens et même qu'on y emploierait des religieuses, cette association ne visant pas à servir l'action de la congrégation (T. Paris 27 juill. 1906. R. O. R. 1908, p. 698).

Tous les maîtres ou maîtresses (mais non les domestiques, ni même les religieux chargés des soins domestiques) doivent la cote *personnelle* et la cote *mobilière* d'après la valeur locative du logement de chacun.

Les maîtres de 18 à 60 ans doivent de plus les *prestations*.

La *patente* n'est pas imposable à un externat, même payant; ni à un *caméristat* nourrissant ou même couchant sans lucre appréciable des élèves par intermittence (C. de préfec. de la Loire, 1907), ni à un Patronage à raison de ses représentations théâtrales payantes si elles ne sont qu'accidentelles (C. préf. Vosges). Pour un pensionnat, elle comprend : 1° un droit fixé suivant l'importance de la localité ; 2° 15 0/0 sur la valeur locative des locaux professionnels autres que ceux qui sont affectés au logement et à l'instruction des élèves, et sur l'habitation personnelle des maîtres. Le droit n'est donc pas calculé sur le nombre des pensionnaires.

Tout établissement charitable, même non reconnu, qui en fait ne cherche ni ne réalise de bénéfices, quoique recevant des pensions (notoirement insuffisantes) est exempt de la patente (C. d'État 1er et 8 février 07).

Correspondance en franchise. — Les Directeurs et Directrices des écoles libres sont, comme les instituteurs publics, autorisés à correspondre en franchise dans toute la France avec les *Inspecteurs généraux* ; dans le ressort académique avec le *Recteur* ; dans le département, avec *le Préfet*, l'*Inspecteur d'Académie* et l'*Inspecteur primaire* ; dans l'arrondissement avec le *sous-préfet* ; dans le canton avec les *Maires* et les *Délégués cantonaux*.

Ils peuvent donc leur envoyer leurs lettres et leurs papiers d'affaires sans les affranchir. Ces lettres ou papiers doivent être expédiés sous deux bandes croisées mobiles, ou sous une seule bande mobile ne dépassant pas en largeur le tiers de ces objets. Sur le côté gauche, en travers de l'adresse, l'expéditeur *contresigne* la bande, en inscrivant par exemple : *L'instituteur privé de St-Denis, L. Durand.*

On peut remplacer les bandes par une enveloppe *ouverte.* Dans ce cas, le contreseing est inscrit à l'angle supérieur gauche du côté de l'adresse, selon la formule ci-dessus indiquée.

Lorsqu'un instituteur ne peut remplir ses fonctions pour une cause légitime (absence, maladie, etc.), son suppléant peut écrire et contresigner en sa place : *Pour l'Instituteur privé de St-Denis empêché, l'adjoint (ou l'intérimaire) : Leblanc.*

Les lettres et paquets doivent être remis au guichet d'un bureau de poste, sous peine d'être taxés. Dans les localités où il n'y a pas de bureau, on peut les remettre entre les mains du facteur ou les jeter à la boîte.

Lorsqu'un paquet est volumineux, il peut être lié extérieurement par une ficelle facile à dénouer. — Maximum du poids, 3 kil. ; — des dimensions, 0 m. 45 en hauteur ou longueur.

Pour l'élection au Conseil départemental, l'envoi du bulletin se fait sous une enveloppe *fermée* fournie par l'administration.

N. B. — Toute personne indistinctement peut correspondre en franchise *sous enveloppe fermée* et *sans contreseing* avec le *Président de la République, avec tous les Ministres,* et de plus avec le *Procureur* de la République ; pour ce dernier dans son ressort seulement.

CHAPITRE V

Liste des Livres Interdits

Interdits par la Congrégation de l'Index

Compayré, Eléments d'Instruction morale et civique (décret
de 1882).
Steeg, Instruction morale et civique (1882).
Aulard et Debibour, Histoire de France (1897).
M. et Mme Dès, Education morale et civique (1910).

Interdits par les Evêques collectivement en 1909

Calvet, **Histoire de France,** [cours préparatoire, élémentaire,
moyen, supérieur.
Gauthier et Deschamps, **Histoire de France** par l'image, pré-
paratoire, moyen, supérieur.
Guiot et Mane, **Histoire de France,** préparatoire, élémentaire,
moyen, supérieur.
Rogie et Despiques, **Petites lectures sur l'Histoire de la Civili-
sation française,** élémentaire, moyen, supérieur.
Devinat, **Histoire de France,** élémentaire, moyen.
Brossollette, **Histoire de France,** élémentaire, moyen.
Aulard et Debibour, **Histoire de France,** élémentaire, moyen,
supérieur.
Aulard, **Eléments d'Instruction civique,** moyen.
Albert Bayet, **Leçons de Morale,** moyen.
Jules Payot, **Cours de Morale. — Morale à l'école.**
Primaire, **Manuel d'Education morale, sociale et civique. —
Manuel de lectures classiques,** moyen.

Interdits par des Evêques à diverses dates

Charton et Delage, **Morale et Instruction civique** (évêque
d'Angers, 1909).
Georges Morizot, **Histoire du Moyen-Age** (Quimper, 1909).
Gustave Catois, **Résumés de Morale** (Laval, 1909).
Charles Poirson, **Manuel élémentaire de Morale** (Autun, 1909).
V. S. Lucienne, **Mes Résumés, Nouveaux Résumés, La préparation de la classe** (Arras, 1910).
*Tous les livres ci-dessus sont interdits dans les écoles pu-
bliques et privées ; il est absolument défendu à tout chrétien de les lire ou faire lire, même en particulier et
même de les conserver, parce qu'ils sont tous positivement*

mauvais. Mais il y en a plusieurs autres que l'autorité ecclésiastique a signalés comme dangereux et que doivent s'interdire les écoles chrétiennes.

En voici la liste :

Amman Coutant, **Notions d'Histoire générale.**
Armbruster, **Instruction civique.**
Claude Augé, **Histoire de France, Grammaire et Exercices.**
Paul Bert, **Enseignement scientifique.**
Blanchet, **Histoire de France.**
Barrau, **Devoirs des enfants.**
Bigot, **Lectures choisies et Morale civique.**
Bruand, **Eléments de Sciences naturelles.**
Bruno, **Le Tour de France, Francinet, Les Enfants de Marcel,** Livre de Lecture et d'Instruction, pour l'enfant, l'adolescent.
Mme Colombe, **Historiettes.**
Charton, **Carnet de Morale.**
Cuir, **Les petits Ecoliers.**
De Crozals, **Instruction morale et civique.**
Defodou, **Cours de Dictées.**
Delapalme, **Le Livre de l'Adolescent.**
Delon, **Eléments de Sciences naturelles.**
Delsart, **Leçons de Grammaire.**
Ducoudray, **Histoire de France.**
Durand, **Lectures sur l'Histoire.**
Dumont, **Lecture courante.**
Dubus, **Résumé d'Enseignement moral.**
Durand, **Lectures sur l'Histoire.**
Dupuis, **Premières leçons de Choses usuelles.**
Duriez, **Histoire de France.**
Fabre, **Cours de Chimie.**
Flammarion, **Sciences.**
Foncin, **Géographie.**
Gazier, **Dictionnaire français.**
Godchaux, **Méthode d'Ecriture et Couvertures de cahiers.**
Guyau, **Lecture courante.**
Guillemin, **Sciences naturelles.**
Mme Halt, **Suzette, Lectures.**
Harmand, **Instruction civique.**
Hugo (Victor) **Le Livre des mères.**
Jost, **Lectures pratiques**
Larive et Fleury, **Grammaire. Exercices français.**
Lavisse, **Histoire de France.**
Lavalette, **Les Enfants modèles.**
Lebaigue, **Livre de l'école.**
Masson, **Livre de lecture, Composition française.**
Mézières, **Instruction civique.**
Moniez, **Les premières Lectures de bébé.**

Mabilleau, **Instruction civique**.
Pape-Carpentier, **Histoire pour les enfants**.
Parent, **Premières lectures**.
Piraut, **Lectures en prose**.
Pressart, **Lectures littéraires**.
Reclus, **Les Continents**.
Richard, **Lectures courantes**.
Renaudin, **Histoire de France. Cahiers d'écriture**.
Simon (Jules), **Instruction civique**.
Toutey, **Lectures primaires**.
Verne (Jules), **Tous ses ouvrages**.
Villain-Comte, **La lecture du jour**.
Zeller, **Histoire de France**.

Interdits par Arrêtés Ministériels

Sur avis du Conseil Supérieur

Théophile Valentin, **Les Fleurs de l'Histoire** (ann. 1898).
Mme X, **L'A B C du Ménage** (mais non l'Alphabet) (1899).
Maréchal et Emile Auzon, **France et Europe**, de 1848 à 1899,
    t. 2e de l'Histoire comtemporaine de 1789 à nos jours (1899,
    18e éd.).
Vaudepitte, **Précis d'Histoire de France**, cours élém. (1901).
Vaudepitte, **Histoire de France** (1901).
Melin, **Histoire de France**, dep. les origines jusqu'en 1898 (1901).
Les **Lettres chrétiennes en France**, au xixe siècle (1901).
Objections, solutions des questions sociales ou Canevas des Con-
    férences, aux bureaux du *Peuple Français*, Paris, (1901).
F. T. D., **Histoire de France**, les 3 cours (1901).
Courval, **Histoire de France** à l'usage de la jeunesse (1901).
Un professeur d histoire, **La Première Histoire de France**, par
    demandes et réponses (1901).
Gagnol, **Histoire contemporaine** de 1789 à nos jours (1902).
Courval, **Histoire contemporaine**, à l'usage de la jeunesse (1902).
Société d'agriculture d'Ille-et-Vilaine, **Leçons d'agriculture et**
    d'économie domestique à l'usage des jeunes filles (1902).
Histoire comtemporaine, de 1789 à 1895, sans nom d'auteur,
    éditée chez René Prudhomme, à Sainte-Brune (1902).
P. Loriquet, **Cours d'Histoire**, à l'usage de la jeunesse (1903).
P. Hillaire, **La Religion démontrée** (1904).
Vandepitte, **Petite Histoire de l'Eglise** (1907).
P. d'Orsay, **Livret d'Instruction morale et civique** (1908).
Albert Dès et Mme Dès, **Education morale et civique**, élém. et
    moyen (1910).

TABLE ALPHABÉTIQUE

Les chiffres indiquent les pages où se trouvent les renseignements.

TABLE DES MATIÈRES

SUPPLÉMENT

Le Mans. — Imp. Benderitter, 11, rue Saint-Jacques. — 10239